TEXTES LITTERAIRES

Collection dirigée par Keith Cameron

CXI

LE COMMERCE DU PARNASSE

LE 344860

COMMERCE

DU

PARNASSE.

Par M. PASCAL.

A PARIS,

Chez CLAUDE BARBIN, fur le
fecond Perron de la Ste Chapelle.

M. DC. LXIX.

FRANÇOISE PASCAL

LE COMMERCE DU PARNASSE

Edition

établie et présentée

par

Deborah Steinberger

UNIVERSITY
of
EXETER
PRESS

REMERCIEMENTS

Ce projet est né au cours d'un Faculty Seminar du Folger Institute de Washington, D.C., *Contextualizing Writing by Early Modern Women.* Je tiens à remercier cet Institut pour la bourse qui m'a permis d'y participer. Je voudrais aussi témoigner ma reconnaissance à Mme Barbara Lewalski, qui a présidé au séminaire, ainsi qu'aux nombreux collègues qui m'ont encouragée à mettre au jour cette édition critique, et qui m'ont gracieusement offert leurs conseils précieux: William Brooks, Gary Ferguson, Perry Gethner, Anne Larsen, Myriam Maître, Claudine Nicolay, Bruno Thibault, Timothy Watson, et Colette Winn. Mes recherches à Paris et à Lyon ont été menées à bien grâce à une bourse du General University Research Fund de l'Université du Delaware. Les bibliothécaires de la Bibliothèque de l'Arsenal à Paris et de la Bibliothèque Municipale de Lyon, et le personnel des Archives Municipales de Lyon, ont tout fait pour faciliter ces recherches.

Je voudrais aussi exprimer ma gratitude à mes collègues Mary Donaldson-Evans et Lysette Hall, pour leur amitié et leur appui moral; à M. et Mme Rémy Roy, qui ont bien voulu relire une version du manuscrit; et à Valéry et Gabriel Roy, à qui je dédie ce travail.

Qu'il me soit permis finalement de remercier M. Keith Cameron d'avoir accueilli ce projet et d'avoir ainsi rendu accessible aux chercheurs ce rare ouvrage de 'l'illustre Pascal'.

First published in 2001 by
University of Exeter Press
Reed Hall
Streatham Drive
Exeter EX4 4QR
UK

**British Library Cataloguing in
Publication Data**
A catalogue record for this book is available
from the British Library

ISSN 0309-6998
ISBN 0 85989 667 6

Typeset by Julie Crocker
Printed in the UK
by Short Run Press Ltd, Exeter

INTRODUCTION

VIE ET ŒUVRE DE FRANÇOISE PASCAL

> On sçait depuis longtemps que ta plume feconde,
> Escrit parfaitement en prose comme en vers;
> Chacun loue et cherit tes ouvrages divers,
> Qui font voler ton nom sur la terre et sur l'onde.
> . . . .
> Si ton pinceau produit un portrait sans égal,
> Tes écrits nous font voir des œuvres excellentes,
> Qui servent de couronne à l'illustre Pascal.
> LA RIVIERE

Ces vers, tirés d'un sonnet liminaire qui présente *Le Commerce du Parnasse* (1669), et signés par un homme d'esprit de l'époque, célèbrent les multiples talents et la réputation solidement établie de l'auteur de l'œuvre, Françoise Pascal. Dramaturge, poète et peintre distingué à son époque, Françoise Pascal est pourtant aujourd'hui pratiquement inconnue. Elle est née de Séraphin Pascal et de Marguerite Tollot en 1632 à Lyon, près de la Croix-Rousse. Elle a été baptisée le 18 février dans sa paroisse, Notre-Dame de la Platière.[1] Selon l'acte de baptême, son père était à l'époque de sa naissance 'commis pour la douane'; plus tard il est devenu garde du gouverneur de la région, le maréchal de Villeroy. Françoise Pascal est donc issue d'un milieu modeste: mais Fernand Baldensperger note que les charges judiciaires des parrains de Françoise et de sa sœur Catherine, née en 1634, indiquent que Séraphin Pascal côtoyait un monde cultivé et distingué.[2] Françoise était comme son père employée chez les Villeroy. La clef du *Dictionnaire des précieuses* d'Antoine de Somaize précise en 1661 que Mlle Pascal ('Palimène') était une domestique de cette maison; il est vraisemblable qu'elle ait rempli la fonction de gouvernante,

---

[1] Fernand Baldensperger, 'La Société précieuse de Lyon au milieu du XVIIe siècle', *Etudes d'histoire littéraire*, Vol. 2 (Paris: Hachette, 1910), p. 4. La plupart de ces renseignements biographiques sont tirés des quatre articles de Baldensperger, et de l'article d'Antoine Péricaud (voir la bibliographie). Nous avons également consulté les Archives municipales de Lyon pour des précisions supplémentaires. Nous avons ainsi pu corriger Brouchoud, qui s'était trompé sur le nom de la mère de l'écrivain et qui n'avait pas trouvé l'acte de baptême de sa sœur Catherine. Curieusement, nous avons trouvé une deuxième Françoise Pascal, née des mêmes parents en 1636 et morte en 1644. Selon Wendy Gibson, dans certaines familles françaises du dix-septième siècle, une succession d'enfants vivants portaient le même prénom, pour des raisons religieuses ou familiales (*Women in Seventeenth-Century France*, New York. St. Martin's Press, 1989, p. 8.)

[2] Baldensperger, op. cit., p. 5.

car l'excellente éducation qu'elle avait reçue (peut-être grâce à la famille Villeroy)[3] la qualifiait parfaitement pour un tel poste.

Françoise Pascal a fait son entrée dans le monde des lettres dans sa ville natale. Ses premiers efforts littéraires furent des vers et des pièces de théâtre, tous publiés à Lyon. Ses *Diverses poésies* (1657) contiennent de nombreux poèmes sur des sujets variés.[4] On y trouve par exemple deux sonnets 'Sur une tristesse', une satire intitulée 'La Belle stupide', et un 'Sonnet fait à la comédie', où la poétesse exprime sa passion pour le théâtre (voir l'appendice). Entre 1655 et 1662, elle a écrit au moins trois tragicomédies en cinq actes et trois comédies en un acte. Françoise Pascal est la première femme dramaturge française à voir ses œuvres jouées par des comédiens professionnels, et semble avoir été la femme dramaturge la plus prolifique en France au dix-septième siècle.[5] Le nombre et la diversité de ses pièces de théâtre, parues et même présentées à une époque où les femmes dramaturges étaient si rares, sont étonnants.

Elle écrivit sa première pièce, *Agathonphile martyr,* une tragicomédie en cinq actes, en 1655, alors qu'elle n'avait que vingt-trois ans. La pièce a été inspirée par un roman religieux de Jean-Pierre Camus, évêque de Belley. Au lieu de dédier *Agathonphile* à un individu illustre, elle la dédia à la ville de Lyon: elle écrit dans sa préface, 'j'ay voulu donner ce poeme à nostre bonne et aymable ville de Lyon, en reconnoissance des avantages que j'y ay receus: aussi le mes-je sous les auspices de ceux qui en ont la direction'. Dans un sonnet liminaire, elle loue ces 'Prevosts des Marchands et Echevins de la ville de Lyon': 'Augustes magistrats, merveilles des mortels,/ Dont les rares vertus meritent des autels'; elle va jusqu'à les appeler 'cinq demi-dieux'! Elle affiche une grande fierté d'être originaire de Lyon: sur la page de titre de ses trois tragicomédies, le nom de l'auteur est suivi des mots, 'Fille Lyonnaise'.

Les autres pièces de jeunesse datent toutes de 1657: une tragicomédie à machines, *Endymion,*[6] et deux petites pièces comiques,

---

3   'Françoise Pascal dut sans doute à cette famille de recevoir une instruction exceptionnelle.' *Dictionnaire des Lettres Françaises,* éd. Georges Grente (Paris: Fayard, 1954).

4   Baldensperger lui attribue à tort des 'Stances amoureuses' auxquelles a répondu Isaac de Benserade ('Françoise Pascal, "fille lyonnaise"', *Etudes d'histoire littéraire,* Vol. 3, p. 4). Ces vers, signés Mlle Pas*** dans la première partie du *Recueil de Sercy,* sont de Jacqueline Pascal, sœur de Blaise, et ils se trouvent parmi ses écrits et lettres, réunis par Victor Cousin.

5   Perry Gethner, *Femmes dramaturges en France (1650-1750)* (Paris, Seattle: *Papers on French Seventeenth-Century Literature,* 1993), pp. 18-21, 25.

6   Perry Gethner prépare une édition critique de cette pièce pour le deuxième tome de son anthologie, *Femmes dramaturges en France* (à paraître chez Biblio 17).

L'Amoureux extravagant et *L'Amoureuse vaine et ridicule* (les dernières sont incluses dans les *Diverses poésies)*. Leur représentation, comme celle d'*Agathonphile,* n'a pas été documentée. Si l'on en croit *Le Dictionnaire des précieuses,* au moins une des pièces de Françoise Pascal a eu du succès: 'L'on a représenté aux jeux du Cirque [l'amphithéâtre de Lyon] une pièce qu'elle a composée, et qui a esté trouvée fort belle'.[7] Molière et sa troupe séjournaient souvent à Lyon à cette époque — Baldensperger constate que Lyon est 'presque le domicile professionnel' de Molière de 1653 à 1657 — et l'on a suggéré que Molière lui-même, avec les comédiens de son Illustre Théâtre, a joué une des pièces de Mlle Pascal.[8] Ce n'est peut-être donc pas un hasard si le personnage de Bélise des *Femmes Savantes* de Molière, vieille fille ridicule qui se croit adorée de tous les hommes, rappelle *L'Amoureuse vaine et ridicule* de Françoise Pascal.

Ce sont les deux pièces des années 1660, la tragicomédie *Sésostris* et la comédie *Le Vieillard amoureux,* dont on a documenté la représentation devant un grand public. *Sésostris,* pièce basée sur une histoire du *Grand Cyrus* de Madeleine de Scudéry, et que Baldensperger appelle avec raison 'la plus ambitieuse de tout son répertoire',[9] a été jouée à Lyon en 1660. Dans son avis au lecteur de *Sésostris,* Françoise Pascal parle de 'l'applaudissement universel que cette piece a receu dans la representation publique', et elle se vante d'un 'petit talent qui n'est pas commun'. Mais elle déclare aussi avec plus de modestie, '[M]es petits ouvrages... ne sont pour t'en parler dans la verité, que l'occupation de quelques soirées, ou l'entretien de mon génie quand il s'éveille avant le jour que j'employe plus sérieusement à la peinture', et elle précise qu'elle n'a écrit la pièce que 'pour son divertissement'. *Le Vieillard amoureux* a été présenté à Lyon en 1662 et aussi au théâtre de l'Hôtel de Bourgogne à Paris en 1663.[10]

Françoise Pascal s'est installée vers 1667 à Paris, où il semble qu'elle ait gagné sa vie comme portraitiste et professeur de peinture, tout en poursuivant ses activités littéraires. Elle fut une femme indépendante

---

[7] Antoine Baudeau de Somaize, *Le Dictionnaire des précieuses,* éd. Charles-Louis Livet, Paris, 1856 (Hildesheim: Georg Olms Verlag, 1972), Vol. 1, p. 273. Baldensperger conjecture que Françoise Pascal elle-même a composé pour Somaize toutes les notices, y compris la sienne, sur les précieuses de Lyon.

[8] Baldensperger, 'La Société précieuse de Lyon au milieu du XVIIe siècle', *Etudes d'histoire littéraire,* Vol. 2, pp. 6, 43-44. L'on consultera également les ouvrages de Bleton et de Brouchoud (voir la bibliographie).

[9] Fernand Baldensperger, 'Françoise Pascal, "fille lyonnaise"', *Etudes d'histoire littéraire,* Vol. 3 (Paris, 1939; Genève: Slatkine Reprints, 1973), p. 14.

[10] S. Wilma Deierkauf-Holsboer, *Le Théâtre de l'Hôtel de Bourgogne,* Vol. 2 (Paris: Nizet, 1968-70), pp. 109-10.

qui, à l'instar de Madeleine de Scudéry, a refusé le mariage pour consacrer sa vie à son art. L'on peut supposer que le désir de tenter sa fortune dans la ville de Molière, centre de l'activité théâtrale, ait décidé Françoise Pascal à quitter sa ville bien-aimée de Lyon, où elle vivait avec sa sœur. Baldensperger suggère que c'était plutôt une crise sentimentale qui l'avait poussée à quitter sa ville natale.[11] Cette thèse ne nous semble pas bien fondée. D'abord, les vers que Baldensperger cite en preuve d'une souffrance amoureuse, les deux sonnets 'Sur une tristesse' qui apparaissent dans les *Diverses poésies* (voir l'appendice), datent de 1657, donc de dix ans avant son départ de Lyon. En outre, Françoise Pascal souligne dans ces sonnets son ignorance de l'origine de sa mélancolie, qui ressemble d'ailleurs plus à une dépression nerveuse qu'à un chagrin d'amour: 'Mon ame, sçais-tu bien qui te rend inquiette?'; 'Soucys, chagrins, ennuis.../ Quand vous me poursuiviez sans me dire pourquoy/ Je n'aymois que la nuict, et fuyois les lumieres.'

Peu après son arrivée à Paris, sa passion pour le théâtre semble diminuer, car elle n'écrit plus d'œuvres dramatiques. La dramaturge enthousiaste qui dans ses vers de jeunesse décrit les comédiens comme des 'demi-dieux' devient vers 1670 une dame dévote qui rejette cette frivolité pour se consacrer à la poésie religieuse.[12] L'œuvre que nous présentons ici, *Le Commerce du Parnasse,* nous montre Mlle Pascal en transition entre ces phases: l'on y trouve ses réponses enjouées à des billets galants, juxtaposées à un sonnet solennel sur la mort du Sauveur (lettre 27). Elle commence à publier en 1670 des recueils de 'Cantiques spirituels' ou chansons de Noël sur des airs populaires: elle transforme par exemple la chanson 'Mon berger m'engage à devenir volage' en 'Comment l'âme cherche spirituellement l'Enfant Jésus', et l'air 'Petite brunette aux yeux doux' en 'Comment l'ame conçoit spirituellement en elle-même le Fils de Dieu'.

Aux recueils de Noëls, qui eurent de nombreuses éditions, s'ajoutent deux longs poèmes, *Les Réflexions de la Madeleine dans le temps de sa pénitence* (1674) et *Les Entretiens de la Vierge et de Saint Jean*

---

[11] 'Nul doute que Françoise Pascal ne traverse un peu plus tard [après 1660] une crise qui lui fera délaisser ses tableaux et ses vers, et qui la plongera "dans la mélancolie": peut-être est-ce le secret de la détermination qui la conduit vers 1667 à Paris.' ('La Société précieuse de Lyon au milieu du XVIIe siècle', *Etudes d'histoire littéraire,* Vol. 2, p. 8).

[12] L'on trouve pourtant dans le *Mercure Galant* de février 1688 des vers de Françoise Pascal ('Aimables bois, boccages sombres/ Charmes secrets des tendres cœurs...', p. 306), mis en musique par M. de Montailly, maître de chœur à l'hôtel de Guise. Selon Baldensperger il y a un décalage considérable entre la date de composition de ces vers et celle de leur publication ('Françoise Pascal, "fille lyonnaise" ', *Etudes d'histoire littéraire,* Vol. 3, p. 27).

l'Evangéliste sur la vie et la mort du Sauveur (1680). Les œuvres dévotes de Françoise Pascal, toutes publiées à Paris, sont dédiées à des ecclésiastiques illustres, tels que l'abbé de La Chaise, l'abbé de Busseaux, et Ferdinand de Neufville, évêque de Chartres; l'un des recueils de Noëls (1670) porte une dédicace au grand chef militaire, Turenne, où l'auteur, en catholique dévote, le félicite de sa conversion récente.

Cet écrivain aux talents si multiples a été négligé par les critiques et par les éditeurs: à l'exception de *L'Amoureux extravagant*, publié dans l'anthologie de M. Gethner, aucune de ses œuvres n'a été publiée depuis le dix-huitième siècle. De son vivant, pourtant, Françoise Pascal a été reconnue pour les productions de son esprit. Le Consulat de Lyon lui a accordé en 1662 une gratification de deux cents livres pour une tragicomédie qu'elle avait dédiée aux magistrats de sa ville natale.[13] Les trois sonnets liminaires qui présentent *Le Commerce du Parnasse* louent son talent avec effusion. L'un de ses admirateurs, Monsieur de G..., déclare, 'Il n'est rien d'éloquent que Pascal ne surpasse'. Il indique aussi que les œuvres de Mlle Pascal sont goûtées par des individus distingués: 'Les plus beaux esprits de ce grand univers/ Publient que ta main n'eut jamais de seconde.' Françoise Pascal est mentionnée dans *Le Cercle des femmes savantes* de Jean de La Forge (1663); elle s'y trouve dans la compagnie illustre de Mlle de Scudéry et de Mme de La Fayette. Une dernière preuve du renom qu'avait acquis Françoise Pascal est son inclusion dans le *Catalogue de Dames vivantes illustres* qui paraît à la fin de *La Nouvelle Pandore* de Vertron (1698).[14] Nous n'avons pas trouvé la date de la mort de Mlle Pascal.

DESCRIPTION DU *COMMERCE DU PARNASSE*

Le Commerce du Parnasse est un recueil épistolaire qui mêle lettres et poèmes et qui tient en même temps du roman. Des trente-sept compositions en prose et en vers qui forment l'ouvrage (est-ce une coïncidence que le nombre de lettres correspond à l'âge de l'auteur à l'époque de la publication de l'œuvre?), vingt-trois sont de la main de Françoise Pascal, et

---

13 Archives municipales de Lyon, document BB217, folio 439. La pièce dont il est question, *La Constance victorieuse*, n'est mentionnée dans aucun des documents et des bibliographies que nous avons consultés; il est vraisemblable que la pièce ait été jouée sans avoir été publiée. Selon le *Dictionnaire des artistes et ouvriers d'art de la France, par provinces (Lyonnais)*, éd. Marius Audin et Eugène Vial (Les Editions Provinciales, 1992) l'auteur aurait également reçu une gratification pour *Agathonphile martyr* en 1655.

14 Claude-Charles Guyonnet de Vertron, *La Nouvelle Pandore* (Paris, 1698) II: n. pag.

les quatorze autres sont des lettres qu'elle a reçues. Elle déclare avec modestie dans sa dédicace à la Marquise de Crèvecœur que sans les contributions de ses amis, le recueil 'ne serait pas recevable'. Elle ajoute: 'ce petit Commerce du Parnasse...n'est sans doute considérable que dans les endroits qui ne sont point de ma façon.' Le fait que les personnes qui lui écrivent ne sont jamais identifiées que par leurs initiales ou par des noms romanesques, tels que Clidamant, nous empêche de conclure définitivement qu'il s'agit d'une correspondance tout à fait authentique. Baldensperger esquive la question en prononçant ces échanges comme 'plus ou moins fictifs', et il n'explique pas ce jugement. Il croit que les lettres et les élégies adressées 'A une amie' ont été composées à sa propre intention, pour se consoler elle-même: '[Q]uand Tirsis et Philis paraissent, ces faux bergers ne sont là que pour masquer le haïssable *moi*.'[15] Le 'Parnasse' du titre laisse cependant à penser que l'inspiration de ce livre se situe dans un salon ou un cercle littéraire. Des allusions répétées à la lecture publique des lettres (voir les lettres 11, 12 et 27) confirment cette thèse; il en est de même des remarques sur les réalités de la correspondance (par exemple, 'Je vous en diray davantage si je puis apprendre par un mot de réponse, que celle-cy a trouvé vostre logis sur l'adresse que je lui en ai donné', lettre 12). Si les lettres sont authentiques, Françoise Pascal a dû copier les siennes avant de les envoyer à ses correspondants — ce qui impliquerait une conscience d'auteur et peut-être un projet de publication future.

La variation du ton et des thèmes traités crée également l'impression d'une correspondance authentique. Les lettres qu'échange Mlle Pascal avec un certain Monsieur D... se caractérisent par des compliments polis et des remarques sur le style. Une lettre d'un ton plus familier, adressée à sa sœur à Lyon, rend compte de sa nouvelle vie à Paris. Ces dernières sont les seules lettres écrites entièrement en prose; toutes les autres contiennent des passages en vers. Le plus souvent, il s'agit de courtes compositions en vers mêlés (octosyllabes, décasyllabes et alexandrins) qui résument le sens de la lettre. Parfois les passages en vers sont plus importants. Les deux lettres dans lesquelles Mlle Pascal essaie de consoler une amie qui a été trahie par un amant infidèle (lettres 5 et 6) consistent principalement en de longues stances qui mettent cette amie en garde contre les dangers de la passion, et qui célèbrent le pouvoir de la raison. Un petit nombre des poèmes sont des vers de circonstance, présentés sans préambule: une élégie où Mlle Pascal déplore la maladie dangereuse qui menace un jeune homme de sa

---

[15] 'Françoise Pascal, "fille lyonnaise"', *Etudes d'histoire littéraire*, Vol. 3, p. 21.

connaissance (lettre 18), une autre adressée à un ami dont la maîtresse bien-aimée vient de mourir (lettre 19). Le recueil contient aussi des stances composées pour accompagner un portrait de l'Evêque de Périgueux, peint par Françoise Pascal (lettre 27).

La majeure partie du *Commerce du Parnasse* consiste en déclarations d'amour. Mlle Pascal (que l'on appelle aussi 'Philis', selon la convention galante) fait preuve d'une assurance joviale en répondant à ses nombreux admirateurs. Dix-sept des trente-sept lettres du *Commerce,* donc presque la moitié, traitent de l'amour non partagé d'un soupirant assidu, Monsieur D. L. V., que Mlle Pascal appelle aussi Tersandre. Françoise Pascal répond à ses déclarations galantes avec un humour mordant mais sans malice; elle repousse cet admirateur en refusant de croire à sa bonne foi. Elle se vante de sa raison et de sa perspicacité: 'J'ay... assez de clairté/ Pour juger quand on dissimule' (lettre 23). Tersandre, découragé, se plaint de la froideur de la dame: 'Peut-estre me voulez-vous faire connoistre par là que les personnes spirituelles comme vous, veulent estre aymées comme les Anges'; il s'élève contre sa raillerie impitoyable, et il se lamente qu'elle préfère 'un peu d'esprit' à 'beaucoup de feu' (lettre 24).

Tout cela n'est qu'un jeu, ou, pour emprunter les mots de Françoise Pascal, rien qu'un 'commerce galant' (lettre 13), une 'pure galanterie' (lettre 15). En effet, l'ardent Tersandre nous oblige à douter de la sincérité de ses déclarations, quand par exemple il prévient dans la lettre 28 qu'il sera contraint à suspendre sa cour à cause de soucis pécuniaires: 'Vostre dernier Billet et la vaine attente d'une Lettre de change viennent de donner la chasse à mon cœur.' Leurs échanges correspondent parfaitement à cette description de la lettre galante proposée par Madeleine de Scudéry: '...les louanges et les flatteries y trouvent agréablement leur place; on y parle quelquefois d'amitié, comme si on parlait d'amour; on y cherche la nouveauté; on y peut même dire d'innocents mensonges....'[16]

L'étude du *Commerce du Parnasse* approfondit et enrichit notre conception de la préciosité et de la vie des salons: une de ses plus grandes qualités est l'illustration brillante du discours de la galanterie. Œuvre complexe, elle constitue en même temps une mise en question du langage précieux. Mlle Pascal souligne l'insincérité de son correspondant Tersandre ('vostre cœur n'est point du party de vostre plume', lettre 23), et elle s'en prend aux lieux communs du discours galant. D'abord, elle exprime un doute quant au 'profond respect' qui réduit l'amoureux au

---

[16] 'De la manière d'écrire des lettres', *'De l'Air galant' et autres Conversations,* édition établie et commentée par Delphine Denis (Paris: Champion, 1998), p. 154.

silence: quand Clidamant lui écrit, 'je ne pense pas, Mademoiselle, que vous puissiez condamner la liberté que je prends maintenant, apres avoir demeuré six mois dans un profond respect, avec cette discretion de m'estre entretenu seul des sentiments que vous avez fait naistre dans mon ame…' (lettre 7), elle répond, 'si vous avez gardé six mois le silence, ç'a esté moins par respect que par des occupations qui vous faisoient bien songer à autre chose qu'à m'écrire' (lettre 8). Ensuite, elle dégonfle l'hyperbole d'un soupirant qui dit mourir d'amour:

> …vous vous défendez aussi bien de la mort, que si j'attaquois effectivement vostre vie: et si mal-heureusement vous veniez à mourir par accident, je ne sçais si vous ne diriez point que j'en serois la cause. Je dis par accident, car je n'ay point encore veu qu'on meure d'amour, au moins de cette mort dont on ne revient pas… (lettre 23).

Affichant elle-même un style naturel, anti-précieux ('je croy mes expressions plus naïves qu'embroüillées', lettre 4), elle critique le style recherché de Tersandre, ses lettres qui foisonnent de métaphores. A ce correspondant, qui se déclare 'Amant, Conquerant, Esclave, Mort, Ressuscité, et par dessus tout, Mal-heureux', elle objecte, '…jamais l'on n'a veu d'Amant faire tant de differentes figures que vous en faites…' (lettre 15).

Cependant, tout en rejetant les lieux communs et l'insincérité du discours précieux, Mlle Pascal se délecte de l'exercice littéraire que représente cette correspondance, et elle encourage l'acrobatie verbale de Tersandre: '…ne vous taisez pas, j'ayme mieux entendre un mensonge aussi spirituel, et aussi bien tourné que celuy-cy, qu'une verité d'un autre dite de mauvaise grace' (lettre 2). Le caractère ludique du dialogue épistolaire est particulièrement prononcé dans les derniers échanges, qui tournent autour de la métaphore de l'entrée royale. Quand Tersandre écrit,

> …quoy que je vous parle des entrées, des sorties, du sejour, et des ravages que l'amour fait chez moy, vous demeurerez toûjours dans vostre incredulité. Je vous prie pourtant de croire que tout cela ne se fait pas sans frais, et que s'il faut un million pour l'entrée d'un Roy victorieux dans une ville, il faut bien plus de dépense pour celle d'un Dieu dans un cœur. Songez-y, s'il vous plaist, il ne s'en est allé qu'à cause de ma mauvaise fortune, j'espere qu'il reviendra avec ma Lettre de change (lettre 30),

Philis lui donne la réplique en déclarant plaisamment: '...puisqu'elle [la Fortune] dispose de vostre amour, qu'elle y fait entrer et sortir de vostre cœur quand il luy plaist, que ces entrées et ces sorties ne sont pas sans frais, il me semble que c'est à elle de les payer...' (lettre 31). Et elle assaisonne sa dernière lettre à Tersandre d'une belle pointe:

> Je ne doute point que l'amour
> Ne soit Tyran de plusieurs ames,
> Qu'aux champs, aussi bien qu'à la Cour,
> Il ne fasse sentir ses flâmes,
> Et je croy que d'ailleurs vous pouvez bien sçavoir,
> Quelle est sa force et son pouvoir;
> Mais de croire que j'en sois cause,
> Je croirois aussi-tost à la metempsicose. (lettre 33)

Jusqu'à un certain point, la rhétorique de Tersandre et de Philis est dictée par les conventions de l'échange galant. Une lettre qui fait partie d'une correspondance galante en prose et en vers contemporaine du *Commerce du Parnasse*, celle de Mlle Anne-Marie de la Vigne et de l'abbé Esprit Fléchier (qui emploient les noms de Climène et de Tircis), nous laisse croire que l'incrédulité modeste que démontre Mlle Pascal était de rigueur pour toute honnête fille. La lettre en question n'est pas de Mlle de la Vigne mais de M. de Cailly, qui prend un jour la plume pour son amie malade. Après avoir flatté et remercié son correspondant de ses propos galants, il se ravise:

> Je ne sais si mademoiselle de La Vigne doit parler ainsi. Je ne songeais pas que j'étais elle, et que je parlais à un de mes galans. Il valait bien mieux faire semblant de ne rien croire et de ne rien entendre; mais on se trouve embarrassé, quand on n'a pas accoutumé d'être fille. Que faire? Je rougis de deux ou trois rougeurs, et je me remets mon compliment dans les formes.......Je n'ai pas assez bonne opinion de moi, monsieur, pour croire que je puisse faire souffrir mes amis, quelques maux que je souffre moi-même. Vous avez voulu vous donner le divertissement de faire un madrigal obligeant, et vous me paraissez bien enjoué pour un homme qui veut qu'on juge qu'il souffre.[17]

La dernière phrase de ce billet trouve un écho dans une remarque que fait Françoise Pascal à Tersandre: 'Vous disposez trop bien de vos sentimens,

---

17 Esprit Fléchier, 'Correspondance galante de Fléchier', *Revue rétrospective* 1 (1833), p. 249.

pour ne me pas faire juger que tout ce que vous m'écrivez n'est qu'une
pure galanterie' (lettre 15).

Un autre texte contemporain souligne comme *Le Commerce du
Parnasse* la théâtralité de l'échange galant. Il s'agit d'un dialogue en vers
de Louis Petit (1613?-1693), poète qui fréquentait dans sa jeunesse l'Hôtel
de Rambouillet. Tircis y déclare son amour à Philis, qui se dit peu disposée
à l'écouter:

> Tircis: Que diriez-vous, si d'Amour l'ame éprise,
>   Je vous disais, Philis, je meurs pour vous.
> Philis: En vérité, j'en serois forte surprise,
>   Et croy qu'enfin j'entrerois en courroux.
> Tircis: Quoy? Mon amour vous mettroit en colère?
>   C'est donc chez vous un crime que d'aimer?
> Philis: Non pas, mais bien de ne pouvoir se taire
>   De quelque ardeur qu'on se sente enflâmer. […]
> Tircis: Donc, si l'Amour m'ordonne que j'espère,
>   Ma passion doibt enfin éclater.
> Philis: Vous gasteriez, Tircis, tout le mystère,
>   Je veux la voir sans l'entendre conter.

A la fin du dialogue, Tircis enlève le masque:

> Tircis: Que ce discours n'aille pas vous déplaire,
>   En me jouant je vous parlois ainsi.
> Philis: Ne croyez pas que je sois en colère,
>   Allez, Tircis, je me jouois aussi.[18]

Ce dialogue, qui a peut-être inspiré le texte de Françoise Pascal, évoque
certains passages des lettres 1 et 2 du *Commerce du Parnasse;* nous les
signalons dans les notes sur le texte. Notons ici une ressemblance plus
générale, à savoir la représentation de la conversation galante comme jeu,
comme divertissement.

Le Commerce du Parnasse a pourtant une qualité personnelle,
autobiographique, naturelle et spontanée qui contrebalance le caractère
formel, conventionnel du jeu, et qui humanise l'auteur. Ceci est vrai
surtout dans la lettre à sa sœur, où elle révèle son tempérament en
décrivant sa situation domestique: '…il me semble que je suis devenüe un

---

18 *Recueil de Sercy,* Vol. 2 (Paris, 1662), pp. 266-269. (Publié pour la première fois dans l'édition de
1653 du *Recueil de Sercy*; signé dans les éditions postérieures).

peu ménagere, et que je partage assez mes soins entre mes ouvrages ordinaires et ceux de commander à une servante qui me fait détester, parce qu'elle est fort lente, et que je suis fort prompte, quoy que comme vous le sçavez je ne sois pas fort méchante' (lettre 34). Mais même quand Françoise Pascal parle à un galant de son insensibilité, elle fait preuve d'une candeur attirante. Dans la lettre 2, par exemple, elle trace un petit autoportrait où elle ne répugne pas à parler de sa vie sentimentale: '...quoy que je sois accoûtumée d'entendre des declarations d'amour, dont la pluspart ne me touchent guere, par des raisons différentes[,] si la vostre n'a surpris mon cœur du moins elle a touché mes sentimens....'

SIGNIFICATION DE L'ŒUVRE

Malgré le ton enjoué du *Commerce du Parnasse,* cette œuvre constitue une réaction sérieuse aux développements littéraires contemporains. L'éditeur du *Commerce,* Claude Barbin, avait publié l'année précédente, sans le consentement de l'auteur, les *Lettres et billets galants,* de véritables lettres d'amour de Marie-Catherine Desjardins, dite Mme de Villedieu.[19] En 1669 Barbin publia un autre recueil de lettres 'féminines', les *Lettres portugaises,* présentées comme des lettres authentiques écrites par une jeune religieuse portugaise à l'officier français qui l'avait séduite et abandonnée.[20] Nous savons aujourd'hui qu'il s'agit d'une supercherie littéraire, et que l'auteur des *Lettres portugaises* était un homme, M. de Guilleragues, bel esprit et secrétaire de la chambre du roi.[21] De nombreux critiques, notamment Janet Altman, Joan de Jean, Katharine Jensen et Susan Lee Carrell, ont constaté en étudiant les œuvres épistolaires de l'époque l'énorme influence du 'modèle portugais', qui tient lui-même des *Héroïdes* d'Ovide.[22] Selon Janet Altman, le monologue amoureux et

---

[19] Elle devint Mme de Villedieu vers cette époque en prenant le nom de l'amant qui l'avait trahie en vendant ces lettres, et qui ne l'a jamais épousée: Antoine de Boesset, sieur de Villedieu, mort au siège de Lille en 1667.

[20] On voit à cette époque une véritable vogue de recueils épistolaires aux thèmes galants. En 1669 Edmé Boursault, mieux connu pour ses comédies, publie ses *Lettres de respect, d'obligation et d'amour,* des lettres fictives où l'on voit évoluer l'amour finalement malheureux d'une jeune bourgeoise naïve. L'on pourrait citer aussi les *Lettres d'Emilie* (1675) de Madeleine de Liembrune, correspondance galante considérée longtemps comme fictive. Pour d'autres titres, consulter les listes d'œuvres épistolaires établies par Roger Duchêne et Fritz Nies dans leurs ouvrages respectifs (voir la bibliographie).

[21] Pour les détails de cette découverte, voir l'édition critique des *Lettres portugaises* faite par Frédéric Deloffre et Jacques Rougeot (Genève: Droz, 1972).

[22] Janet Gurkin Altman, 'The Letter Book as a Literary Institution 1539-1789: Toward a Cultural History of Published Correspondences in France', *Yale French Studies* 71 (1986), p. 45; Joan de Jean, *Fictions*

passionné semble être le genre épistolaire féminin par excellence de la période classique. Elle ajoute qu'au dix-septième siècle en France, les femmes ne publiaient leurs lettres que rarement; si l'on imprimait les lettres de femmes, c'était sous l'anonymat, et sans la permission de l'auteur, ou bien après sa mort.[23]

Le Commerce du Parnasse est donc une œuvre singulière, car elle ne correspond pas à cette caractérisation bien documentée de l'écriture épistolaire féminine du dix-septième siècle. Bien qu'écrit par une femme, *Le Commerce* n'est ni un écrit passionné, ni un monologue; le recueil n'a pas été publié contre la volonté de l'auteur, ni après sa mort. Le petit recueil de Françoise Pascal constitue en revanche une prise de position féministe avant la lettre; l'affirmation de son statut d'auteur, la publication de ses lettres sous son propre nom, étaient exceptionnelles pour son époque.

Le Commerce du Parnasse semble répliquer aux œuvres épistolaires contemporaines qui présentent des femmes victimes de l'amour, affaiblies par la passion, en révélant une autre personnalité féminine.[24] Dans ses lettres, Françoise Pascal ne cesse d'affirmer que le commerce de l'esprit prime celui des sens. Elle se montre spirituelle, indépendante, maîtresse d'elle-même, et dédaigne ses amoureux; elle trouve le bonheur, et préserve son autonomie, en rejettant la passion. Dans ses lettres du *Commerce du Parnasse*, Françoise Pascal maintient un scepticisme salutaire face aux plaintes désespérées de ses soupirants: 'Je n'ai point encore veu qu'on meure d'amour', déclare-t-elle (lettre 23). En réponse à une allusion indécente faite par Tersandre aux 'lits de victoire' de Vénus, elle écrit, 'Ces lits pleins de gloire et d'honneur/ Ne me semblent point un bon-heur' (lettre 25). Dans des stances qu'elle envoie à une amie, Mlle Pascal l'encourage à oublier l'infidèle Tirsis, et la félicite d'avoir écouté la raison et résisté à celui qui avait tenté de la séduire. 'Laisse plaindre Tirsis dans

---

of Sappho 1546-1937 (Chicago: U of Chicago P, 1989), pp. 60, 78, 96; Katharine Anne Jensen, *Writing Love: Letters, Women, and the Novel in France, 1605-1776* (Carbondale: Southern Illinois UP, 1995), pp. xi-xvii; Susan Lee Carrell, *Soliloque de la passion féminine ou le dialogue illusoire* (Tübingen: Gunter Narr, 1982), pp. 39-53. Pour les ressemblances entre les *Lettres portugaises* et les *Héroïdes*, voir Deloffre et Rougeot, op. cit., pp. 102-105.

23 Janet Altman, op. cit., p. 45. Altman nous rappelle que la publication des lettres de Mme de Lafayette, de Mme de Sablé, de Mme de Maintenon et de Mlle de Scudéry a été entreprise pour la plupart par des éditeurs des dix-neuvième et vingtième siècles (p. 42).

24 Joan de Jean a vu dans les *Lettres amoureuses de divers auteurs de ce temps* (1641) et *Les Femmes illustres* (1642) de Madeleine de Scudéry une révision de cette tradition antiféministe (*Tender Geographies*, p. 79). Selon Katharine Jensen, dans *Les Désordres de l'Amour* (1675) Mme de Villedieu remplace l'image féminine de ses *Lettres et billets galants*, celle de la femme victime de sa passion, par celle de la Princesse de Guise, une femme forte qui séduit au lieu d'être séduite (p. 6).

ce lieu solitaire', écrit-elle à la dame (lettre 6). A la différence des œuvres de Villedieu et de Guilleragues, c'est maintenant l'homme, solitaire, qui est condamné au monologue. Dans *Le Commerce du Parnasse,* effectivement, Tersandre adopte le ton de la religieuse portugaise: 'Helas Mademoiselle', s'exclame-t-il, 'que vous me dites cruellement que vous ne m'aymez pas!' (lettre 3). On trouve de nombreux autres contrastes avec les *Lettres portugaises.* Dans l'œuvre de Françoise Pascal, c'est une femme qui est au centre de l'attention masculine, et c'est elle qui repousse, au lieu d'être repoussée. De plus, Mlle Pascal remplace les épanchements de la religieuse, dont la prose n'a pas d'alinéas, par des lettres soigneusement composées qui représentent le triomphe de la raison et de l'ordre.

En fait, nous croyons probable que Tersandre, Monsieur D.L.V., est Guilleragues lui-même.[25] Les initiales coïncident: le nom de famille de Guilleragues était de La Vergne. Les dates coïncident aussi: Guilleragues et Françoise Pascal vivaient à Paris à la même époque; Guilleragues, bien connu pour son esprit et pour son talent épistolaire, exerçait alors la charge de secrétaire de la chambre et du cabinet du Roi. De plus, il est bien possible que Pascal et Guilleragues se soient connus à Lyon entre 1655 et 1657, époque où celui-ci était au service du Prince de Conti. Un autre détail confirme notre hypothèse: dans le *Commerce,* Tersandre fait une promesse 'foy de Gascon' (lettre 14). Guilleragues était de Bordeaux, et dans ses *Mémoires,* Saint-Simon le décrit ainsi: 'rien qu'un Gascon, gourmand, plaisant, de beaucoup d'esprit, d'excellente compagnie.'[26]

Cette hypothèse sur l'identité de Tersandre est appuyée par une autre des œuvres de Guilleragues, qui paraît dans le même privilège que les *Lettres portugaises,* et qui fut publiée avec elles par Deloffre et Rougeot: *Les Valentins,* recueil de vers galants. Ce texte nous montre Guilleragues en train de jouer des rôles variés: il adopte le langage, non seulement de femmes abandonnées, mais aussi d'hommes repoussés par leurs maîtresses, de dames inconstantes, d'amants ennuyés, etc. Quand Françoise Pascal critique Tersandre/Guilleragues dans le *Commerce,* elle décrit donc en même temps son talent d'écrivain: 'Vostre cœur n'est point du party de vostre plume...', 'Vous disposez trop bien de vos sentimens, pour ne me pas faire juger que tout ce que vous m'écrivez n'est qu'une pure galanterie;

---

[25] Péricaud propose une autre identité pour Tersandre: le marquis de Coulanges (*Notes et Documents pour servir à l'histoire de Lyon,* p. 81). L'évidence qu'il cite pour appuyer sa thèse est pourtant mince: il souligne seulement des ressemblances stylistiques non spécifiées entre une pièce liminaire de *Sésostris,* un portrait en vers de Françoise Pascal fait par 'Tersandre' (qui n'est peut-être pas le même Tersandre que celui du *Commerce du Parnasse*) et des portraits en vers faits par Coulanges. (Nous reproduisons dans notre appendice le portrait en vers de Françoise Pascal).

[26] F. Deloffre et J. Rougeot, op. cit., p. 261.

car jamais l'on n'a veu d'Amant faire tant de différentes figures que vous en faites...' (lettres 23, 15).

L'organisation même du *Commerce du Parnasse* défie les images de femmes passionnées que l'on trouve dans les œuvres épistolaires de Guilleragues et de Villedieu. Le livre commence par une lettre où Tersandre déclare son amour, mais c'est Mlle Pascal qui a le dernier mot dans cet échange, et qui le réduit ainsi au silence. De plus, le poème final du recueil, intitulé 'Sur une conqueste impreveuë', célèbre l'humiliation d'un homme qui avait méprisé les femmes et qui est maintenant éperdument amoureux ('Enfin il est dompté, cet invincible orgueil,/ Il est soûmis, ce cœur.../ Luy qui pour nostre sexe a fait voir tant de haynes'). La dernière lettre en prose a aussi une fonction importante: cette lettre de Mlle Pascal à sa sœur à Lyon signifie un retour à la réalité; elle éloigne l'auteur du jeu de rôles et de la mystification qui ont rendu célèbre son ami Guilleragues, et qui étaient goûtés dans les salons littéraires. Cette 'contextualisation', ou retour à la réalité quotidienne, est un trait original qui distingue le *Commerce* d'autres recueils de lettres galantes. Dans cette lettre finale du *Commerce du Parnasse,* l'auteur abandonne la coquetterie et les jeux de mots des autres lettres pour décrire la félicité domestique de son petit 'ménage' à Paris: elle vit heureuse, accompagnée de son chat, de son perroquet, et de sa servante. Le contraste est donc frappant entre la religieuse passionnée de Guilleragues, qui déclare, 'Je serai malheureuse toute ma vie', et l'héroïne célibataire du *Commerce,* qui goûte aux joies de l'indépendance et de la paix domestique, sans passion et, apparemment, sans hommes. Le thème du triomphe de la vertu féminine sur la passion dangereuse sera bientôt traité par un autre auteur contemporain, Mme de Lafayette, dans son roman *La Princesse de Clèves* (1678).

Le Commerce du Parnasse tient non pas seulement du recueil épistolaire, mais aussi d'un deuxième genre littéraire en vogue à l'époque, le recueil d'œuvres mêlées. Il y a d'autres femmes qui ont publié dans des recueils personnels leurs œuvres en prose et en vers — Mlle Certain, Mlle Desjardins, Mme de Lauvergne, Mme de Sainctonge, par exemple — mais, comme le constate Linda Timmermans, elles sont rares.[27] *Le Commerce du Parnasse* se distingue de la plupart des recueils d'œuvres mêlées de l'époque par son caractère personnel et relativement homogène. Dans le *Recueil de Sercy* et le *Recueil de pièces galantes en prose et en vers de Madame la Comtesse de la Suze comme aussi de plusieurs autres Auteurs,*

---

[27] Linda Timmermans, *L'Accès des femmes à la culture (1598-1715)* (Paris: Champion, 1993), p. 189. Elle ajoute que certaines femmes auteurs ont préféré le 'support peu compromettant' du recueil collectif (p. 215).

par exemple, pour ne citer que deux des plus répandus, la plupart des textes ne portent pas de nom d'auteur. *Le Commerce du Parnasse,* par contre, est un texte unifié par la 'présence' de Françoise Pascal en tant que personnage central et organisateur du recueil: elle souligne son statut d'auteur dans presque toutes les pages de l'œuvre, avec des titres qui indiquent que chaque lettre a été écrite soit par elle, soit pour elle. En outre, dans les recueils Sercy et La Suze, les textes sont présentés sans aucun ordre.[28] Dans *Le Commerce du Parnasse,* en revanche, l'ordre des lettres est très important: le lecteur voit se développer une intrigue principale et d'autres petites histoires (l'amie désolée, déclarations et réponses d'autres galants); de véritables personnages s'esquissent. Le *Commerce* confirme ainsi le lien déjà suggéré par de nombreux critiques, entre l'écriture féminine au dix-septième siècle, le genre épistolaire et la naissance du roman moderne.[29]

LE TEXTE

Notre texte de base est celui de la Bibliothèque Municipale de Lyon (cote 344860). Il s'agit de l'édition unique et originale de 1669 du *Commerce du Parnasse.* LE/ COMMERCE/ DU/ PARNASSE./ *Par M. PASCAL.*/ A PARIS,/ Chez CLAUDE BARBIN, sur le/ second Perron de la Ste. Chapelle./ M. DC. LXIX. in-12, 111 pages. Des exemplaires identiques existent à la Bibliothèque de l'Arsenal (Paris), à la British Library (Londres), et à la Bibliothèque de l'Université de Californie (Los Angeles).

Les lettres du recueil ne sont ni datées ni numérotées dans l'originale; nous les avons numérotées ici pour faciliter la référence, tout en indiquant la pagination de l'édition originale entre parenthèses.

L'orthographe de ce texte est irrégulière: un même mot peut avoir deux ou trois orthographes (par ex. *flame, flâme* et *flamme; sçay* et *sçais; mesme* et *même*). Dans ces cas, nous avons respecté l'orthographe originale. Nous avons cependant réalisé les *i* et *u* consonantiques en *j* et *v,* et remplacé *&* par *et.* Nous avons également ajouté des traits d'union entre

---

28 'Je n'ay point affecté de mettre les pieces d'une mesme nature, ny d'une mesme main, les unes auprés des autres, non plus que de leur donner le rang selon la qualité des personnes, ou la bonté des ouvrages....Je me suis bien plus arresté à mesler une piece forte avec une galante, une serieuse avec une libre, et une pleine de feu avec une autre toute remplie de tendresse et de passion; enfin à les faire briller, ou par l'opposition des sujets, ou par la mesure des vers, et toûjours par la diversité.' 'Le libraire au lecteur,' *Poésies choisies de MM. Corneille, Benserade, de Scudéry, Boisrobert,* etc. [*Recueil de Sercy*], Première partie, édition de 1660.

29 Voir surtout deux ouvrages de Joan de Jean, *Fictions of Sappho (1545-1937)* et *Tender Geographies: Women and the Origins of the Novel.*

le verbe et un pronom en postposition. Dans les endroits où nous avons jugé nécessaire de modifier la ponctuation pour faciliter la compréhension, les modifications apparaissent entre crochets. Sauf pour les coquilles grossières (par ex. *voue* pour *vous*) nous avons noté entre crochets nos corrections de l'édition princeps (EP).

BIBLIOGRAPHIE

ŒUVRES DE FRANÇOISE PASCAL

PASCAL, Françoise, *Agathonphile Martyr,* tragicomédie. Lyon: C. Petit, 1655.

PASCAL, Françoise, *Diverses poésies.* Lyon: Simon Matheret, 1657.

PASCAL, Françoise, *Endymion,* tragicomédie. Lyon: C. Petit, 1657.

PASCAL, Françoise, *Sésostris,* tragicomédie. Lyon: A. Offray, 1661.

PASCAL, Françoise, *Le Vieillard amoureux,* pièce comique. Lyon: A. Offray, 1664.

PASCAL, Françoise, *Le Commerce du Parnasse.* Paris: C. Barbin, 1669.

PASCAL, Françoise, *Cantiques spirituels ou Noëls nouveaux, sur la naissance du Sauveur.* Paris: N. Oudot, 1670, 1672, 1673, 1678, 1679, 1681.

PASCAL, Françoise, *La Grande Bible renouvellée, ou Noëls nouveaux.* Troyes: Veuve Oudot, 1728.

PASCAL, Françoise, *Les Réflexions de la Madeleine dans le temps de sa pénitence.* Paris: M. Coustelier, 1674.

PASCAL, Françoise, *Les Entretiens de la Vierge et de Saint Jean l'Evangéliste sur la vie et la mort du Sauveur.* Paris: Veuve S. Huré, 1680.

AUTRES OUVRAGES CITES

ALTMAN, Janet Gurkin, 'The Letter Book as a Literary Institution 1539-1789: Toward a Cultural History of Published Correspondences in France'. *Yale French Studies* 71 (1986): 17-62.

AUDIN, Marius, et Eugène VIAL, Eds., *Dictionnaire des artistes et ouvriers d'art de la France, par provinces (Lyonnais).* Les Editions Provinciales, 1992.

BALDENSPERGER, Fernand, 'Une Femme Auteur du XVIIe Siècle: Françoise Pascal, "fille lyonnaise"'. *Revue de Lyon et du Sud-Est* 2 (1906): 321-417.

BALDENSPERGER, Fernand, 'Françoise Pascal, "fille lyonnaise"'. (Version remaniée de l'article précédent). *Etudes d'histoire littéraire.* Vol. 3. Paris, 1939. Genève: Slatkine Reprints, 1973.

BALDENSPERGER, Fernand, 'La Société précieuse de Lyon au milieu du XVIIe siècle'. *Revue d'Histoire de Lyon* 5 (1906): 241-270.

BALDENSPERGER, Fernand, 'La Société précieuse de Lyon au milieu du XVIIe siècle'. (Version remaniée de l'article précédent). *Etudes d'histoire littéraire.* Vol. 2. Paris: Hachette, 1910.

BLETON, Auguste, 'Molière à Lyon'. Public lecture. *Livre d'Or du Deuxième Centenaire de l'Académie des Sciences, Belles-Lettres et Arts de Lyon.* Lyon, 1900.

BROUCHOUD, Claude, *Les Origines du théâtre de Lyon.* Lyon: N. Scheuring, 1865.

CARRELL, Susan Lee, *Soliloque de la passion féminine ou le dialogue illusoire.* Tübingen: Gunter Narr, 1982.

DEIERKAUF-HOLSBOER, S. Wilma, *Le Théâtre de l'Hôtel de Bourgogne.* Vol. 2. Paris: Nizet, 1968-70.

DE JEAN, Joan, *Fictions of Sappho 1546-1937.* Chicago: U of Chicago P, 1989.

DE JEAN, Joan, *Tender Geographies: Women and the Origins of the Novel.* New York: Columbia U P, 1991.

DELOFFRE, Frédéric, et ROUGEOT, Jacques, Eds., *Lettres portugaises, Chansons et Bons Mots, Valentins.* De Gabriel de Lavergne de Guilleragues. Genève: Droz, 1972.

DUCHENE, Roger, *Madame de Sévigné et la lettre d'amour.* Paris: Bordas, 1970.

FLECHIER, Esprit, 'Correspondance galante de Fléchier'. *Revue rétrospective* 1 (1833): 244-254.

GETHNER, Perry, *Femmes dramaturges en France (1650-1750).* Paris, Seattle: Papers on French Seventeenth-Century Literature, 1993.

GIBSON, Wendy, *Women in Seventeenth-Century France.* New York: St. Martin's Press, 1989.

JENSEN, Katharine Anne, *Writing Love: Letters, Women, and the Novel in France, 1605-1776.* Carbondale: Southern Illinois UP, 1995.

LACHEVRE, Frédéric, *Bibliographie des recueils collectifs de poésies publiés de 1597 à 1700.* Vol. 2. Paris, 1903-1905. Genève: Slatkine Reprints, 1967.

NIES, Fritz, *Gattungspoetik und Publikumsstruktur.* Munich: W. Fink, 1972.

PERICAUD, Antoine, *Notes et Documents pour servir à l'histoire de Lyon* 10 (1858-60): 78-87.

SCUDERY, Madeleine de, *'De l'Air galant' et autres Conversations.* Edition établie et commentée par Delphine Denis. Paris: Champion, 1998.

SERCY, Charles de, Ed., *Poésies choisies de MM. Corneille, Benserade, de Scudéry, Boisrobert,* etc., *et de plusieurs autres.* 5 vols, Paris, 1658-1662.

SOMAIZE, Antoine Baudeau de, *Le Dictionnaire des Précieuses.* Ed. Ch. Livet. Paris, 1856. Hildesheim: Georg Olms Verlag, 1972.

STEINBERGER, Deborah, 'Wit and Wisdom in Françoise Pascal's *Le Commerce du Parnasse'. Papers on French Seventeenth-Century Literature* 101 (1997): 231-238.

TIMMERMANS, Linda, *L'Accès des femmes à la culture (1598-1715).* Paris: Champion, 1993.

VERTRON, Claude-Charles Guyonnet de, *La Nouvelle Pandore.* Vol. 2. Paris: Veuve Mazuel, 1698.

VILLEDIEU / DESJARDINS, Marie-Catherine Hortense, dite Madame de Villedieu, *Lettres et billets galants.* Paris, 1668. Ed. Micheline Cuénin. Paris: La Société d'Etude du XVIIᵉ Siècle, 1975.

LE
COMMERCE
DU
PARNASSE
PAR M. PASCAL

A PARIS,
Chez CLAUDE BARBIN, sur le
second perron de la Ste Chapelle.
M.DC.LXIX.

A MADAME
MADAME LA MARQUISE DE CREVECŒUR.[1]

MADAME,

Ce n'est pas d'aujourd'huy que le Parnasse fait gloire de vous rendre ses hommages. L'on sçait que des Heroïnes telles que vous ne manquent pas d'encens et d'offrandes. C'est ce qui m'a poussée à venir parmy cette foule exposer à vos yeux ce petit Commerce du Parnasse, qui n'est, sans doute, considérable que dans les endroits qui ne sont point de ma façon. Ainsi, MADAME, vous aurez sujet de dire que je vous fais un don du bien d'autruy, et que sans le secours de mes amis, ce qui est à moy ne seroit pas recevable. Mais quoy que ce soit une verité, MADAME, je ne m'estimeray pas mal-heureuse si vous recevez bien mes intentions. L'Illustre personne qui me fit la grace de me produire devant vous, m'en avait déja asseurée, et le favorable accuëil que je receus de vous, ne m'en laissa aucun doute. Ce n'est pas que cette majesté qui sied si bien aux personnes de vostre rang, ne m'imprimast d'abord un respect qui m'intimida; mais l'on peut dire que cette majesté est si bien temperée par une douceur obligeante, qu'elle dissipa dans un moment toute ma crainte, et qu'elle me fit avoüer que quelque grande que soit vostre reputation, elle ne dit qu'une partie de vos rares qualités; que vous estes bien moins illustre par vostre haute naissance que par vos vertus, et qu'enfin la nature a mis en vous seule, ce qu'elle ne distribuë aux autres que separement: que vous estes si digne des hommages que l'on vous rend; que je voudrois aussi bien trouver le secret d'en faire naître un qui vous fût proportionné, qu'il est vray que je suis avec une profonde soûmission, MADAME,

Vostre très-humble, et très obeissante Servante, F. PASCAL

---

[1] Il s'agit probablement de l'épouse de Charles-Martin, seigneur de Vienne, marquis de Crèvecœur (mort en 1683), maréchal de camp au régiment de cavalerie de Gaston d'Orléans.

A MADEMOISELLE
PASCAL.
SONNET.

Ce seroit hasarder une gloire trop belle,
Que la vostre, Paschal[2], s'il faloit que mes vers
L'osassent soûtenir entre deux champs ouverts,
4   Puisque l'on ne sçauroit parler dignement d'elle.

Mais quand je le pourrois, je crains une querelle
Entre deux qualitez, dont les partis divers
Semblent se disputer aux yeux de l'univers,
8   Sans sçavoir quel des deux vous est le plus fidelle.

Si vos tableaux ont l'art de surprendre nos sens,
Vos beaux vers n'y font pas des effets moins puissans.
Vous charmez avec eux, et l'oreille, et la veüe.

12   Ainsi ne jugeant pas que mes expressions,
Puissent parler de vous sans diminutions,
Je vous laisse aux sçavans dont vous estes connuë.
                    M. D. V.

AUTRE.
A MADEMOISELLE
PASCAL.
SONNET.

Chere fille du Dieu, qui préside au Parnasse,
Rare esprit qui brillez par des effets si beaux,
Lesquels loüerons-nous, vos vers, ou vos tableaux?
4   Lesquels auront le droit d'occuper mieux la place?

---

2   On trouve cette orthographe aussi dans la première lettre de ce recueil, et dans plusieurs ouvrages de référence.

Je crois qu'on ne sçauroit, quelque chose qu'on fasse,
Donner un digne prix à ces divers travaux:
Car estant au-dessus des projets les plus hauts,
8   Il n'est rien d'éloquent que Pascal ne surpasse.

L'on voit dans ses portraits comme dans ses écrits,
Mille charmans attraits qui attirent nos cris.
Ha! que ne vois-je pas? ha! que viens-je d'entendre?

12   Ce sont les transports qu'elle sçait inspirer,
L'on ne peut s'empêcher de se laisser surprendre,
Par ces deux arts sçavans qui la font admirer.

M. D. G.

A MADEMOISELLE
PASCAL.
*Sur le Recüeil de ses Billets en Vers
et en Prose.*
SONNET.

On sçait depuis longtemps que ta plume feconde,
Escrit parfaitement en Prose comme en Vers;
Chacun loüe et cherit tes ouvrages divers,
4   Qui font voler ton nom sur la terre et sur l'onde.

A ta douce eloquence il n'est rien qui réponde:
Les tresors d'Apollon te sont toûjours ouverts
Et les plus beaux esprits de ce grand univers,
8   Publient que ta main n'eut jamais de seconde.[3]

On voit dans tes Billets aimables et charmans,
La force et la douceur méler leurs agrémens,
Et soûtenir l'éclat de tes rimes galantes.

---

3   Les mots 'n'eut jamais de seconde' sont ambigus: elle n'a pas de pareil *ou* elle a composé ses œuvres sans les secours d'une 'seconde main'. Dans les 'Avis au lecteur' de ses tragicomédies *Endymion* et *Sésostris,* Mlle Pascal réfute justement des critiques qui l'avaient accusée d'avoir reçu 'des aydes étrangeres'.

12   Si ton pinceau produit un portrait sans égal,
      Tes écrits nous font voir des œuvres excellentes,
      Qui servent de couronne à l'illustre Pascal.
              La Riviere[4]

LE COMMERCE
DU
PARNASSE

1) M. D... L.. V...
Sous le nom de Tersandre à MADEMOISELLE *Paschal.*

A ce que je vois et à ce que je sens, MADEMOISELLE, la guerre n'est pas
hors du Royau[2]me, je la rencontre aujourd'huy au milieu de Paris.

      En vain je m'estois proposé
      De quitter les Combats et renoncer aux armes,
      Il ne fut jamais rien de si fort opposé,
         Philis, que ma paix et vos charmes.

Cette Guerre est bien d'une autre nature que celle que le Roy declare aux
Flamans[5]: il ne les combat que pour estre Maistre de leur liberté, et je ne
viens vous tourmenter que pour vous faire agréer la mienne. Joüissez de ce
qui est à vous, et ne méprisez pas si fort vos Conquestes. Peut-estre n'est-
ce pas si peu de chose que vous pen[3]sez, les petites places servent bien
souvent à prendre les grandes, et les personnes éclairées comme vous
l'estes, doivent considerer que rien ne leur est inutile.

      Lors qu'Apollon pour vous faire la Cour
      Vous viendra conter quelque histoire,
      Pour placer des Heros au temple de Memoire,
      Mes vers vous placeront au temple de l'Amour.

---

[4] Nous n'avons pas pu déterminer de façon définitive s'il s'agit ici de Louis Barbier dit La Rivière,
évêque de Langres, ou du Chevalier de la Rivière, mais nous penchons pour ce dernier, premier
gentilhomme de la chambre de Monsieur le Prince, qui 'fut célèbre par son esprit et ses vaudevilles' et
qui fut ami de Turenne (à qui Françoise Pascal a dédié un recueil de ses Noëls) et aussi de Mlle de
Scudéry (Frédéric Lachèvre, *Bibliographie des recueils collectifs de poésies publiés de 1597 à 1700*,
Vol. 2 (Paris, 1903-1905; Genève, Slatkine Reprints, 1967), pp. 437-38).

[5] Cette allusion à la Guerre de Dévolution (1667-68) indique que ces lettres furent échangées un an ou
deux avant la publication de ce recueil.

Ne croyez pas, MADEMOISELLE, que je vous y choisisse un mauvais poste: quoy que ce Dieu ne reconnoisse point de souveraineté au-dessus de luy, vous ne laisserez pas d'y commander absolument: vous disposerez de [4] tous ses tresors, et pourveu que vous y songiez quelquesfois à moy, c'est tout ce que je vous demande. A quoy vous serviroit un grand Empire si vous n'aviez point de sujets? J'ay longtemps consulté avant de vous faire une declaration aussi naïve que celle-cy, et apres une longue contestation entre ma passion et mon respect, j'ay crû que je pouvois finir leur guerre par ce Billet,[6] vous protestant qu'il est aussi difficile d'empêcher les Amans de parler, qu'aux soldats de jurer. En verité, MADEMOISELLE, on a bien eu raison [5] de ne nous pas faire l'Amour muët, et je ne conçois pas quel avantage il y auroit eu pour vous ny pour moy, si je m'estois laissé mourir sans vous en dire la cause.

> Me voyant proche du trépas
> J'ay songé que c'estoit une bien grande affaire,
> Et que j'allois d'Amour gâter tout le mystere.[7]
4   De mourir et ne parler pas
>   Quand on est prest à rendre l'ame,
> L'Amant le plus discret doit secourir sa flâme,
>   Car mourir sans dire un seul mot
8   Dans ce siecle parleur, c'est mourir comme un sot:
>   J'aurois fait tort à vostre gloire
> Par une si müette et si tragique histoire
>   Et même apres ma mort j'aurois eu du soucy
12   Qu'un Amant vous fût mort ainsi.

Je n'ay pas voulu emporter ce regret avec moy; j'auray assez de celui de n'estre pas aymé, qui me servira plus que [6] vous ne croyez. Je ne dis pas à quoy, MADEMOISELLE, il faut que ce soit ma destinée qui vous l'apprenne.

---

6   Dans sa réponse, Mlle Pascal l'appellera une 'lettre'. Selon Richelet, un billet est 'une petite lettre écrite sans toutes les cérémonies dont on se sert quand on écrit à des personnes de qualité, ou de respect'.

7   Dans le dialogue de Louis Petit que nous avons cité dans notre introduction, Philis répond à Tircis, qui dit qu'il meurt d'amour et qui veut lui parler de sa passion: 'Vous gasteriez, Tircis, tout le mystère,/ Je veux la voir sans l'entendre conter'. Tircis promet ensuite 'de n'en parler qu'à l'heure du trépas'. *Recueil de Sercy*, Vol. 2 (Paris, 1662), pp. 266-269.

2) A Mr.... DE V...[8]

Vous me dites que vous m'aymez, MONSIEUR, et vous voulez que je le croye aussi-bien que si c'estoit une verité: si vous croyez mon esprit aussi éclairé que vous le dites dans vostre Lettre, vous devez juger [7]

> Qu'il a découvert vostre feinte
> Et qu'il ne voit dans vostre cœur,
> Ni feu, ni peine, ni langueur,
> 4   Et si l'amour est un parleur,
> Qui surmonte respect et crainte
> Pour dire quelle est son atteinte:
> S'il faut se découvrir pour se faire du bien,
> 8   L'on doit aussi se taire alors qu'on ne sent rien.

Mais non, ne vous taisez pas, j'ayme mieux entendre un mensonge aussi spirituel et aussi bien tourné que celuy-ci, qu'une verité d'un autre dite de mauvaise grace: et quoy que je sois accoûtumée d'entendre des declarations d'amour, dont la pluspart ne me touchent guere, par des raisons [8] différentes[,] si la vostre n'a surpris mon cœur du moins elle a touché mes sentimens, et si je ne sens pas plus d'amour pour vous que vous en sentez pour moy,

> Je sens que vostre esprit sublime
> A qui tout l'univers fait justement la cour,
> Imprime dans mon ame une si haute estime,
> Que quelque mal que je m'exprime,
> Mon estime du moins vaut bien un feint amour.

Je scay bien, MONSIEUR, qu'apres que vous avez celle de toute la terre, vous ne devez regarder la mienne que comme un tribut dû à vostre merite, et dont vous vous seriez bien passé quand même vous auriez besoin d'ajou[9]ter encore quelque chose à vostre gloire, mais enfin quoy qu'il en soit, l'estime que je vous donne est bien plus solide que l'amour que vous pourriez exiger de moy: car si je vous aymois et que vous me donnassiez sujet de rompre avec vous, je sçay par experience, que je ne me ferois pas un grand effort pour en venir là, au lieu que je ne sçaurois jamais vous oster mon estime, quand même vous deviendrez mon plus grand ennemy.

---

8   Il s'agit évidemment de Mr D L V.

Croyez donc, illustre Tersandre
Qu'il vaut mieux parler librement
Que d'user de déguisement, [10]
A quoy bon parler de tourment,
Si vostre cœur n'a rien de tendre?

Mais, MONSIEUR, comme il vous est aussi facile de dire une verité qu'un mensonge, prenez le plus juste party.

3) LE MESME A LA MESME.

Helas, MADEMOISELLE! que vous me dites cruellement que vous ne m'aymez pas! et que ce me seroit une grande consolation, si je pouvois tourner vos parolles comme vous avez tourné les miennes en les prenant pour [11] d'agréables mensonges! Mais pourquoy n'auray-je pas le mesme privilege? sommes-nous pas d'un mesme pays, et ne dois-je pas avoir autant de penchant à me flater, à me faire du bien, que vous en témoignez à me vouloir faire du mal?

Ouy[,] je découvre vostre feinte,
L'Amour vous a touché le cœur.
Vous y sentez pour moy quelque peu de langueur,
4   Ce Dieu n'est pas moins fort pour estre moins parleur.
Dans ces commencemens il montre un peu de crainte:
Ouy, quoy que vous disiez j'en découvre l'atteinte:
En parlant contre luy, vous en dites du bien;
8   Puisque l'on doit se taire alors qu'on ne sent rien;

[12] Pourrez-vous bien douter de mon amour aprés ce que je viens de vous dire? cette maniere de se flatter, ce secret de trouver des biens dans son imagination, n'est-ce pas le caractère d'un véritable amant? Appellez-moy pourtant comme il vous plaira, je ne veux rien avoir en moy qui vous déplaise; et pourveu que vous souffriez que je vous serve et que vous ne me refusiez point vos billets, je sçauray bien trouver mon nom en finissant les miens. Quand vostre rigueur s'y opposeroit, la civilité m'obligeroit à vous dire que je suis [13] vostre serviteur, ou si vous l'aymez mieux que je suis tout à vous. Choisissez, MADEMOISELLE, il me semble que l'un et l'autre est fort raisonnable, et que j'ay pris le party que vous me conseillez.

Croyez donc Philis que Tersandre
Vous parle aujourd'huy librement,
Et que sans rien vous feindre, et sans rien déguiser,
Il verra tous les jours augmenter son tourment,
Si pour le soulager vous n'avez rien de tendre. [14]

4) LA MESME AU MESME.

Quoy que nous soyons du mesme pays, il y a pourtant cette difference entre vous et moy, que je croy estre plus sincere que vous. Lors que je dis quelque chose de juste je ne pretens point que vous le tourniez à vostre fantaisie, je croy mes expressions plus naïves qu'embroüillées; et un esprit aussi éclairé que le vostre, n'a pas de la peine à discerner la verité d'avec la [15] feinte, ou il est vray que l'amour que vous avez pour moy, est d'un genre tout particulier. Car je n'ay jamais veu d'homme croire, qu'une fille feint quand elle luy dit qu'elle ne l'ayme pas, et de luy le dire à elle mesme: je ne sçais si je vous avois dit, *je vous ayme*, si vous ne le croiriez pas aussi, puisque vous estes si ingénieux à vous satisfaire de tout.

Non, Tersandre, quand un Amant
A l'ame vivement atteinte,
Et qu'il ayme tendrement,
Je crois qu'il est incessamment,
Entre l'esperance et la crainte.

Et vous, vous chantez vostre [16] triomphe avant qu'estre assuré de la victoire: voila bien s'y prendre pour se faire aymer, c'est justement pour se livrer une guerre eternelle, à moins que vous ne vous lassiez bien-tost de m'honorer de vos billets, et comme vous ne doutez pas qu'ils ne me soient fort agreables,

Nous n'aurons point de differend
Que sur cét amour pretenduë,
Dont le feu n'est point apparent[;]
4   Si la victoire vous est deuë,
Apres que je l'auray perduë,

Vous deviendrez mon conquerant.[9] [17]

5) LA MESME,
A une Amie.

Enfin, ma Chere, l'ingrat Tirsis vous a trompée, et s'est marié à une autre: cét infidelle qui vous avoit tant donné de marques de tendresse et qui en avoit tant receu de vous, a osé trahir une amitié si sainte, dans le temps mesme que j'attendois la nouvelle d'une heureuse conclusion: cependant si l'on se pouvoit consoler par le mal-heur d'autruy, le vostre a plus d'exemples de cette [18] nature qu'il n'en faudroit pour vous guerir bien-tost, et puisque vous souhaitez que je vous fasse des vers pour tascher, dites-vous, d'adoucir vostre déplaisir, et pour combattre cette imperieuse tendresse que vous conservez encore pour un perfide, s'il ne faut que cela dis-je pour vous soulager, vous la serez dans peu de jours, mais je crains bien que ma Muse ne manque de force et de vertu pour faire ce miracle[,] puisque vous me témoignez estre fort affligée; mais comme vous me faites connoistre en mesme temps que vous [19] voulez essayer toutes choses pour vous vaincre, je vous vay faire parler vous mesme dans ces Vers.

---

[9] Paradoxe un peu embrouillé qui joue sur la notion de la 'victoire'. Comme Mlle Pascal vient de le dire, 'la guerre' se terminera quand Tersandre arrêtera de lui écrire; malgré un échec amoureux, il sera alors 'victorieux' parce qu'elle aura perdu le plaisir de lire ses lettres.

STANCES.[10]

Desers, Ruisseaux, Rochers et Bois,
A qui j'ay fait voir mille fois
L'ardeur de ma secrette flâme,
Vous estiez mes seuls confidens
5   Lors que je vous ouvrois mon ame:
Vous estiez discrets et prudens;[11]
Mais je viens pour vous faire entendre
Si Tirsis en estoit l'objet,
Combien sur ce triste sujet
10   J'ay de choses à vous apprendre.

Tirsis s'il vous en souvient bien,
Estoit le müet entretien
De mes plus secrettes pensées,
Et dans un souvenir si doux
15   Qui flattoit mes erreurs passées[,]
Je n'en parlois jamais qu'à vous;
Mais hélas! ce qui me rappelle
A ce triste et cruel moment,
C'est pour vous dire seulement,
20   Que ce Tirsis est infidelle. [20]

L'ingrat que j'ay veu tous les jours,
Et que j'ai crû par ses discours
Estre la sincerité mesme;
Luy qui receut par ses faux soins

---

10 Par leur cadre pastoral et par leur mise en scène du combat entre l'amour et la raison, ces stances de Françoise Pascal évoquent celles de ses contemporaines plus célèbres, Mme de La Suze et Mlle Desjardins. Mais contrairement aux éloges de la passion, voire de la volupté, que sont pour la plupart les 'œuvres galantes' de ces deux auteurs, chez Françoise Pascal, c'est toujours la raison et la vertu qui triomphent. Comparez la conclusion des stances qui terminent la lettre 6 du *Commerce du Parnasse* ('J'ay senty la vertu l'emporter sur les plaintes…') avec ces vers de Mme de La Suze: 'Foibles raisonnements, sortez de ma pensée,/ Ma flâme vous dément, et mon cœur aujourd'huy/ Se soumet à l'amour, et ne connoist que luy', ou bien avec ceux-ci, tirés d'un sonnet intitulé 'Jouissance', de Mlle Desjardins: '…je ne connois plus de vertu ny d'honneur,/ Puis que j'aime Tircis, et que j'en suis aimée'. *Recueil de pièces galantes en prose et en vers de Madame la Comtesse de La Suze,* Vol. 1 (Paris, 1680), pp. 5, 9.

11 Comparez à cet extrait des stances de Mlle Desjardins: 'Beau pré que mon inquietude/ A choisi pour sa solitude,/ Où s'exhalent mes soûpirs;/ Cher confident de ma souffrance, / Fay que la couleur d'esperance/ Se communique à mes desirs…' (*Recueil de Sercy* 5e partie, Paris, 1660, pp. 57-58).

25   L'aveu de ma tendresse extrême,
      Dont vous seuls estiez le[s] témoins,
      Le Barbare devient parjure,
      Mes feux ne sont plus secondez,
      Chers Confidents qui m'entendez,
30   Que dites-vous de cette injure?

      Qu'en dites-vous petits Oyseaux,
      Qu'en dites-vous coulans Ruisseaux?
      Ha! vous en murmurez sans doute[;]
      Petits Ruisseaux, pour me vanger
35   En continuant vostre route,
      Parlez de cét ingrat Berger:
      Faites-en murmurer vostre onde,
      Et pour suivre le mouvement
      De mon juste ressentiment,
40   Parlez-en jusqu'au bout du monde.

      Au moins ne vous amusez pas
      A discourir de ses appas;
      Ne dites rien de son merite,
      Car je n'ay plus les mesmes yeux,
45   Son inconstance qui m'irrite
      Me le fait trouver odieux:
      Il me fut jadis agreable;
      Mais enfin quel qu'il ait esté
      Depuis son infidelité
50   Je ne le trouve plus aymable. [21]

      Outre les graces de son corps,
      J'ay crû que des secrets tresors
      Rendoient son ame encore plus belle:
      J'ay crû son esprit relevé,
55   J'ay crû que cette ame infidelle
      Estoit un chef-d'œuvre achevé;
      Mais c'est une ame interessée,
      Qu'un peu de bien a fait changer,
      Et cét infidelle Berger,
60   Pour ce peu de bien m'a laissée.

Mais ayons plus de cœur que luy,
Et faisons-luy voir aujourd'huy,
Une ame ferme et resoluë[.]
Que l'ingrat coure au changement:
65   La raison qui m'a secouruë
Ne me quitte pas un moment:
Ouy, je fais ce qu'elle m'ordonne,
Et mon cœur n'est plus enflammé,
Que du dépit d'avoir aymé
70   Un perfide qui m'abandonne. [22]

6) *La mesme, à la mesme Amie.*

Je suis ravie, ma Chere, que vous ayez oublié l'Ingrat dont vous avez
esté trahie, mais je crois aussi que ç'a esté par le secours de vôtre raison
plûtost que de celui de mes vers, comme vous me le voudriez persuader.
Quoy qu'il en soit[,] je ne veux rien examiner dans cette concurrence, je ne
veux que partager aveuglement vostre joye, c'est à dire, vous féliciter de
vostre guerison, et vous envoyer d'autres Vers où vous puissiez faire con-
[23] noistre à l'infidelle Tirsis, que la raison vous a vengée de luy.

Sur le mesme sujet.
STANCES.

Agreable et charmant sejour,
A qui j'estois venuë un jour
Raconter ma triste avanture:
Vous souvient-il Rochers et Bois,
5   Quel estoit ce Berger parjure,
Dont je vous parlay tant de fois?
Vous souvient-il comme mes plaintes
Vous toucherent secrettement,
Et que pour mon soulagement
10   Vous en receustes les atteintes?

Vous souvient-il petits Oyseaux,
Et vous doux et coulans Ruisseaux,
En quel estat estoit mon ame?
Vous souvient-il que la raison

15   Croyoit d'avoir esteint ma flame,
     Qu'elle esperoit ma guerison,
     Quand l'ingrate et superbe idée
     De cét infidelle Berger
     Venoit sans cesse m'affliger
20   Et que j'en estois possedée? [24]

     Mais enfin, Confidens discrets
     Qui sçaviez mes profonds regrets,
     Sçavez-vous ce qui me rappelle?
     Ce n'est plus un triste soucy,
25   Tirsis est toûjours infidelle;
     Mais mon tourment est adoucy:
     Si le Barbare m'a changée
     Sans en avoir aucun remord,
     Mon ame par un noble effort
30   S'en est heureusement vengée.

     Bien loin d'avoir le mesme ennuy,
     Je songe seulement à luy
     Pour detester sa perfidie;
     Toutesfois c'est sans passion,
35   A présent quoy que l'on en die,
     Je l'entends sans émotion[;]
     Apres cette lâche constance
     Où mon cœur s'estoit obstiné,
     Je sens qu'il n'est plus mutiné
40   Contre une juste indifference.

     Il sent une tranquillité
     Qui brave l'instabilité
     De celuy qui causoit ses peines;
     Ruisseaux ne vous amusez plus
45   D'en aller instruire les plaines,
     Par vostre murmure confus[;]
     Apres avoir cherché la voye
     Par où je vous avois pressez
     De parler de mes maux passez,
50   Ne parlez plus que de ma joye. [25]

Apres ce que vous m'avez témoigné de vôtre guerison, j'ay crû que je vous pouvois faire parler de cette maniere: je vous envoye aussi une copie des Vers que j'ay faits sur un songe.

STANCES

A l'heure du silence, et d'une nuit profonde,
Je goustois en repos la douceur du sommeil;
  Comme fait le reste du monde,
Lors que j'ay crû[,] Philis [,] estre dans mon réveil;
5 Et que j'ay veu Tirsis dans une solitude
   Pour charmer son inquietude
   Fuir la lumiere du Soleil.

J'entendais là sa voix, ses soûpirs et ses plaintes,
Qui sembloient m'accuser de trop de cruauté [;] [26]
10 Mon ame en sentit les atteintes,
Et mes yeux le cherchoient parmy l'obscurité.
Tirsis fut tout émeu dés qu'il me pût connoistre,
   Et des feux qu'il me fit paroistre[,]
   Mon cœur ne fut point irrité.

15 En effet ses respects, ses soins et sa constance,
Ses pleurs et ses soûpirs, ses regards languissans
   Alloient vaincre ma resistance:
Mon cœur estoit touché de ses tristes accens;
Ce cœur dont la vertu fut toûjours la Maistresse,
20   Pour le ceder à la tendresse,
   Penchoit pour ses efforts pressans.

Je disois à Tirsis, Où m'allez-vous conduire?
Je tremble, je fremis dans ce sombre séjour;
   Je sens ma vertu qui soûpire,
25 De voir que je n'ay plus pour guide que l'amour:
Ha! Philis,[12] disoit-il, laissez faire à ce guide,
   Et sans marcher d'un pas timide,
   Laissez-vous vaincre à mon amour.

---

[12] L'utilisation de ce même nom dans ces stances pour désigner la narratrice et son amie semble un peu maladroite. Mais ce nom, comme Uranie, est très fréquent dans la poésie précieuse, et nous verrons d'autres Philis et Tirsis dans les vers du *Commerce du Parnasse* (voir les lettres 18, 19 et 35).

Lors j'ay crû voir l'amour tout enflé de sa gloire, [27]
30   J'ay crû luy voir les yeux couverts de son bandeau,
          Qui chantoit déja sa victoire,
      Et sembloit nous guider du feu de son flambeau,
      Et quoy qu'il nous menast parmy des precipices,
          Il nous promettoit des delices
35   Qui dureroient jusqu'au tombeau.

      J'allois enfin tomber dans un profond abysme,
      Lors que malgré l'amour j'écoute la vertu,
          Qui par sa puissance sublime,
      M'arreste en s'écriant, Mal-heureuse[,] où vas-tu?
40   Laisse ce guide aveugle avec tous ses faux charmes;
          Voudrois-tu luy rendre les armes
          Apres avoir tant combattu?

      Regarde la pudeur toute rouge de honte,
      De voir que tu la fuis pour te precipiter;
45   Parce qu'un aveugle te dompte,
      Et qui sans mes efforts n'auroit pû te quitter.
      Laisse plaindre Tirsis dans ce lieu solitaire,
          La raison le fera bien taire,
          Pour peu qu'il veüille l'écouter. [28]

50   J'ay senty la vertu l'emporter sur les plaintes,
      Et l'amour perd l'espoir de se voir triomphant[;]
          Contre ces pressantes atteintes[ ]
      Je sens qu'elle combat et qu'elle me défend:
      Je m'éveille à la fin, mais toute glorieuse
55   D'avoir esté victorieuse,
          Sur ce pernicieux Enfant.

7) CLIDAMANT. A MADEMOISELLE PASCAL.

Je ne suis pas de ceux qui souffrent volontiers sans se plaindre, aussi
ne sçaurois-je taire davantage la douleur que vostre absence me cause, [29]
sans vous la faire connoistre: et je ne pense pas, MADEMOISELLE, que
vous puissiez condamner la liberté que je prends maintenant, apres avoir

demeuré six mois dans un profond respect, avec cette discretion de m'estre entretenu seul des sentiments que vous avez fait naistre dans mon ame[;] et si je n'avois apprehendé que mon silence pût à la fin interesser ma fidelité[,] j'aurois attendu que vous m'eussiez commandé de vous écrire; mais comme je suis toûjours le même, et que je vois que vous ne vous en souciez pas, j'ay crû [30] que si j'attendois ce commandement, je pourrois courir fortune de ne point sçavoir les sentiments que vous aviez pour moy; mais s'il est vray que vous soyez toûjours inexorable, avoüez du moins que je suis le plus mal-heureux des hommes, vous qui sçavez une partie de mes avantures. En verité quand j'y pense, il me prend envie de m'abandonner au desespoir. Quoy? J'aurois fait une Maistresse aussi charmante que vous, j'auray mesme eu l'honneur d'en estre estimé, et j'auray presentement le mal-heur de n'estre plus dans [31] son souvenir, et de songer que peut-estre elle aura laissé gagner à un rival, un cœur qui en quelque façon me seroit dû, puisque j'ay tant gemy, et tant pris de peine à le vaincre? Je ne sçay si je dois craindre ou esperer; tout au moins ayez la bonté de me faire sçavoir, si vous estes toûjours invincible, ou si mes rivaux n'ont pas plus d'avantage que moy: Enfin si vous avez la cruauté de joindre encore vostre indifference à mes autres maux, vous me verrez mourir de regret; [32]

> Mais quand j'auray suby les tristes loix du sort,
>   Je veux que sans cesse mon ombre
> Par un reste affligé d'amour et de transport,
>   Revienne du rivage sombre,
>   Vous faire regretter ma mort.

8) *Réponse par la mesme.*

Vous n'estes pas si mal-heureux que vous dites, Monsieur: si vous avez gardé six mois le silence, ç'a esté moins par respect que par des occupations qui vous faisoient bien songer à autre chose qu'à m'écrire. Un homme comme vous, qui ne manque pas de merite ny d'habitudes,[13] ne manque pas aussi [33] de gagner les bonnes graces des Dames. D'ailleurs je sçay que vous estes en belle passe au pays N... Les Dames y sont bien faites et spirituelles: c'est un grand charme pour un cœur comme le vostre, qui n'est pas peu susceptible d'amour. Ne faites donc plus le desesperé de nostre absence: je sçay qu'il y a long-temps que vous en estes consolé, et

---

13 *Habitude*: fréquentation.

que si un peu d'amour vous a sollicité autresfois à me rendre visite, une simple politique vous a obligé presentement à m'écrire. Ce n'est toutesfois pas pour m'en plaindre ce que je vous en dis, [34] vous sçavez que je m'accoûtume facilement à toutes choses, croyez que dans le temps que vous me parliez de vôtre pretenduë passion, quelque merite qui vous rendist recommandable auprés de moy, je raisonnois pourtant assez dans moy-mesme, pour juger que vous m'échaperiez un jour, ou par necessité ou par inconstance. Vous ne devez donc pas trouver étrange que je me sois bornée à vous donner purement mon estime, dont vous devez vous contenter, puisqu'elle ne sçauroit troubler vos nouvelles inclinations.   D.. L...[14] [35]

9) *Un autre à la Mesme.*

Un de mes amis en passant par vos quartiers, s'est voulu charger du second Tome de *la Verité des Fables* pour vous le rendre.[15] Si ce livre suit mon intention, il vous donnera toute la satisfaction que vous souhaitez: et en mon particulier, MADEMOISELLE, je souhaite qu'il ne vous accoûtume pas tant à la conversation des Dieux, que vous ne songiez quelquesfois à celle des Hommes. J'en [36] connois un qui voudroit bien que vous songeassiez quelquesfois à luy: puisque vôtre belle idée l'occupe sans cesse agreablement, je croirois trahir l'amitié que j'ay pour luy, si je ne vous disois pas ses pensées.

> Apprenez donc que cét Amant,
> Depuis le bien-heureux moment
> Qu'il a l'honneur de porter vostre chaîne,
> 4   Trouve que son sort est si doux,
> Que son repos passé luy feroit plus de peine
> Que les fers qu'il porte pour vous.

---

14 D[emoiselle] L[yonnaise], peut-être? C'est ainsi que Françoise Pascal se qualifie dans les pages de titre de plusieurs de ses ouvrages.

15 *La Verité des Fables, ou l'Histoire des dieux de l'antiquité,* roman historique publié pour la première fois en 1648 mais réimprimé en 1667, de Jean Desmarets de Saint-Sorlin (1600?-1676) — qui est peut-être l'auteur de cette lettre. Il est permis de penser que Françoise Pascal admirait cet Académicien, et peut-être même qu'il a joué un rôle déterminant dans sa carrière littéraire. *La Verité des fables* a la distinction d'être la seule œuvre littéraire mentionnée dans *Le Commerce*. De plus, cinq ans après la parution du poème de Desmarets, *Marie-Madeleine, ou le triomphe de la grâce* (1669), Mlle Pascal a publié une œuvre en vers intitulée *Les Réflexions de la Madeleine dans le temps de sa pénitence.*

L'on ne l'entend point murmurer
8   Des maux que luy fait endurer
      L'Amour qui cause son martyre,
      Il est fidel[le], il est discret.
  Mais il ne peut aymer, Philis, sans vous le dire,
12   Pour luy c'est un trop grand secret.

Je ne doute point, MA-[37] DEMOISELLE, que vous ne deviniez déja qui est celuy de qui je parle; je croy que vostre esprit qui penettre si bien dans les ames, n'a pas perdu ses lumieres en cette rencontre: il a fort bien deviné s'il a jugé que de tous ceux qui vous servent il n'y en a point qui soit plus passionnement à vous,

                        F…..

10) *Réponse de la Même, au Même.*

Ou mon esprit n'est point si éclairé que vous le croyez, ou ce que vous dites [38] dans cette déclaration n'est point veritable. A qui dois-je croire, ou à vous ou à mes lumieres? Si elles ne sont fausses, il est infaillible que vous ne dites point la verité; et si vous la dites, il est certain que les lumieres que vous croyez en moy, m'ont abandonnée presentement, puisque je ne me suis point apperceuë de cette pretenduë passion, que dans vôtre Lettre.

      Lors que je verray clairement
      Jusques dans le fond de vostre ame,
      Et que cette naissante flâme
4   Y paroistra bien vivement,
      Je vous diray mon sentiment; [39]
  Mais de tout temps Daphnis, je suis mal disposée
      A me rendre facilement
8   A la recherche d'un Amant,
      Je ne crois point legerement,
  Mon humeur maintenant se sent fort opposée
      A la recherche d'un Amant.

Mais, MONSIEUR, je me trompe, vous n'estes point mon Amant, vous m'avez seulement écrit pour sçavoir si je soûtiendrois bien la bonne opinion que l'on vous avoit donnée de mes ouvrages, aussi je suis assurée que vous la perdrez de sorte, que quand vous auriez eu intention de me vouloir tout le bien que vous dites dans vostre Lettre, vous vous en [40] repentirez apres avoir veu la mienne.

11) LA MESME A Mr D...

Il me semble, MONSIEUR, qu'il est temps de rompre le silence, et que vostre colere doit estre appaisée depuis plus d'un an que nous ne nous sommes point écrit. Quand je vous auray dit le mal-heur qui m'est arrivé du depuis, je croy que vous oublierez tout vostre ressentiment, puisque ce mal-heur vous a en partie vengé du tort [41] que je vous avois fait, disiez-vous, en montrant vos lettres à des gens d'esprit; Enfin on me les a dérobées, et c'est une marque infaillible qu'elles en valoient la peine, quoy que vous m'ayez voulu soûtenir avec emportement, qu'elles n'avoient rien de beau. Ce n'estoit point là vostre crainte, MONSIEUR, ce n'est que cette severe modestie de qui vous estes inseparable, qui vous fait desavouër l'estime que l'on fait de vos Lettres; mais elle n'empêchera pas qu'on ne vous rende toûjours justice, en soûtenant que vous écrivez [42] admirablement bien, et que je ne vous le dise sans cesse: deussay-je encore m'attirer une infinité de querelles de vostre part, je sçay que cette guerre ne sçauroit estre qu'agreable.

P.....

12) *Réponse à la Mesme.*

Je commence volontiers cette réponse par un (Je), MADEMOISELLE, parce que je sçay que vous ne les aymez pas à l'entrée des Lettres, pour vous faire perdre l'estime [43] que vous faites des miennes[,] et tout ensemble le dessein de les faire voir à vos adorateurs. Ce n'est pas que je ne tire beaucoup de gloire de vostre approbation, et que je n'en fasse la meilleure partie de ces delices spirituelles qui me viennent du Parnasse; mais comme je ne méconnois pas les imperfections de ma plume, j'ay lieu de croire que vous m'en déguisez vos sentiments, ou que vostre affection veut surprendre vostre jugement pour y trouver les graces que vous y desirez. Aussi je suis fort persuadé que si ces Illustres à [44] qui vous faites voir ce que je vous écris, ne vous flatoient point, bien loin de m'accuser d'une severe modestie, comme vous faites[,] ils diroient avec plus de justice ce qu'un Ancien repartit agreablement à un qui faisoit belle montre, qu'il auroit pû passer pour eloquent, s'il eût gardé le silence. Tous ceux qui ont l'honneur de vos belles conversations, sçavent que vous n'applaudissez pas indifferemment toutes choses: et si vous leur parliez de moy, sans m'exposer à leurs yeux, ils pourroient s'en figurer quelque chose [45] de grand, au lieu que vous gastez le mystere quand vous le découvrez. Je vous en diray davantage si je puis apprendre par un mot de réponse, que celle-cy a trouvé vostre logis sur l'adresse que je lui en ai donné.

13) RESPONSE DE LA MESME, *au Mesme.*

Qu'importe, MONSIEUR, que vous commenciez vos Lettres par un (Je) puisqu'elles sont toûjours égallement belles et sçavantes? Je [46] voudrois bien commencer toutes les miennes par cét endroit et écrire de la même force, mais c'est porter trop loin mon ambition. Il suffit de vous dire que vous estes si naturellement éloquent, que vous ne sçauriez rien écrire sans le faire paroistre, puisqu'en vous défendant de nos admirations, vous ne faites que les augmenter. Je vous avoüe aussi que quelque recommandable que soit la modestie, je ne puis m'empêcher de dire que la vostre est la plus injuste du monde, et que s'il est mal seant de se loüer soy-mesme, il ne vous [47] est du moins pas défendu de souffrir qu'on vous loüe. D'ailleurs, MONSIEUR, il me semble qu'en matiere de Lettres de la nature des nôtres, qui n'est qu'un Commerce galant, il n'est pas necessaire d'observer les regles de la Philosophie; contentez-vous d'estre Philosophe dans toutes les autres actions de vostre vie, sans le paroistre dans vos Lettres, et croyez que ceux que vous appellez mes adorateurs, ne m'ont jamais flatée que lors qu'ils ont parlé de mes ouvrages et que quoy que j'aye pû dire de vous, lors que j'ay fait voir [48] vos Billets, j'ay passé pour un mauvais peintre puisqu'ils ont surpassé tout ce qu'on en pouvoit attendre. Tombez-donc dans nos sentimens, MONSIEUR, ou vous nous ferez croire que vous estes ennemy de vous-mesme, et que vous haïssez autant la gloire qu'il est vray que vous en meritez.

14) *Suite des Billets de Monsieur D... L... V... sous le nom de Tersandre.*
A LA MESME.

> Ouy j'ay beau me faire de feste,
> J'ay beau me tourmenter pour me faire du bien; [49]
> Chanter dans mes Billets une feinte conqueste,
> 4   Un des vostres m'apprend, Philis, qu'il n'en est rien;
> Cette miraculeuse feinte
> Qui s'offroit à propos pour finir mon tourment,
> N'est qu'une mal-heureuse [feinte],[16]
> 8   Qui laisse mourir un Amant,
> Sous le cruel commandement,
> De balancer incessamment,
> Entre l'esperance et la crainte.

En verité, MADEMOISELLE, vous m'avez donné un mauvais logement: on ne sçauroit dormir dans cét hostel de l'incertitude; on y est continuellement dans les alarmes; on n'y couche que sur des espines, et si vous ne changez vos ordres, j'auray furieusement à me plaindre: Je vous promets foy de [50] Gascon de ne l'estre plus; mais soyez, je vous prie, moins barbare, et ne m'obligez pas à changer mon triomphe imaginaire en cét Epitaphe,

> Cy gist le mal-heureux Tersandre,
> A qui la mort ne plût jamais;
> Mais se voyant blessé par d'invincibles traits,
> 4   Et se sentant l'ame trop tendre,
> Il ayma mieux encore mourir,
> Et de la mort la plus cruelle,
> Que d'estre obligé de souffrir
> 8   Toutes les rigueurs d'une Belle.

15) RESPONSE DE LA MESME, *Au Mesme.*

Vous chantiez dernierement vostre triomphe sans estre assuré de la victoi-[51]re; et maintenant vous faites vostre Epitaphe, non seulement sans estre assuré de mourir; mais sans estre tant-soit-peu malade.

---

16 EP: sainte

Puisque l'on voit fort peu mourir,
Et que l'on voit souvent guerir
De ceux que l'amour tirannise;
4   Vous qui sentez vostre franchise,
Vous dont le cœur est libre et sain,
Qui ne portez rien dans le sein
Qui vous tourmente ou qui vous nuise;
8   Pouvez-vous bien parler d'entrer au monument[,]
En dire cent fois plus qu'un veritable Amant?
Et ne connoist-on pas quand un cœur se déguise?

Il est vray, MONSIEUR, que jamais Poëte ny Orateur n'a esté si ingenieux que vous l'estes; et si pourtant vous n'avez point encore trouvé le [52] secret de me persuader que vous m'aymiez. Vous disposez trop bien de vos sentimens, pour ne me pas faire juger que tout ce que vous m'écrivez n'est qu'une pure galanterie; car jamais l'on n'a veu d'Amant faire tant de differentes figures que vous en faites, et quand vous sentiriez en effet pour moy tout ce que vous dites, et que je n'aurois pas lieu d'en douter[,] je ne serois pas assez injuste pour vous laisser entre la crainte et l'esperance, ou je vous l'osterois tout à fait, ou je vous la donnerois toute entiere. [53]

16) RESPONSE DU MESME, *a la Mesme.*

Il est vray, MADEMOISELLE, que je suis Amant, Conquerant, Esclave, Mort, Ressuscité, et par dessus tout, Mal-heureux. Jamais Jupiter ne changea si souvent de figure; mais il y a cette difference entre luy et moy, que je fais ce que je puis en amour, et qu'il faisoit ce qu'il vouloit. J'essaye toutes choses, pour me tirer d'affaires, pour me guerir de [54] cette passion; c'est pour cela que je vous fuis et que je suis à la campagne.

Mais je vois bien peu d'apparence,
A pouvoir guerir par l'absence;
Je porte mon mal dans le sein,
4   Et je ne vois aucun remede
A la douleur qui me possede.
Estant loin de mon Medecin,
J'ay beau dedans ma solitude,

8   Rêver incessamment, recourir à l'étude,
         Chercher avec grand soin les plus belles forests;
         Je croy que pour sortir de mon inquietude,
             Il faudroit vous voir de plus prés.

Ouy, MADEMOISELLE, il faudroit vous voir; mais plus humaine
que vous n'estes, et plus credule. Cette incertitude où vous me tenez, n'est
qu'une fiévre qui m'entretient sans aliment; mais songez [55] qu'on ne
peut pas demeurer long-temps en cét estat, et que s'il est vray que vous
ayez quelque estime pour moy, il est temps de vous declarer. Ne le faites
pas pourtant, j'ay peur que cette declaration ne me soit pas avantageuse, et
je serois marry que mon Epitaphe me servist si-tost: car il me semble que
j'ay encore beaucoup de temps à employer à vostre service, si vous le
vouliez. [56]

17) *La Mesme à Mademoiselle de la Riviere, pour le premier jour de
l'Année.*[17]

MADRIGAL

Envoyé dans une Corbeille de cartes.

         Pour le premier jour de l'Année,
         N'est-ce pas estre infortunée
       De n'avoir rien à moy qui soit digne de vous?
4   Ma peine seroit infinie,
       Si vostre esprit n'estoit judicieux et doux.
         Mais à vous illustre Uranie:
             Dont le merite sans égal,
8   Vaut plus que la Couronne et l'Empire des Parthes,
             N'est-ce pas faire un beau regal
       D'oser vous envoyer un méchant Madrigal,
             Dans une Corbeille de cartes? [57]

---

17 Un an après la publication du *Commerce du Parnasse*, Françoise Pascal dédie à Mlle de la Rivière un
recueil de ses Noëls. Nous n'avons pas pu identifier cette personne, mais dans l'épître dédicatoire la
poétesse indique que Mlle de la Rivière est fille d'honneur de la Reine, et elle l'appelle 'la plus pieuse
héroïne de notre temps'. Cette désignation donne lieu de croire que Mme de Sévigné se réfère à la
même personne quand elle parle de 'cette Mme de la Rivière qui monte au ciel toute lumineuse' (lettre
du 21 septembre 1689, à Mme de Grignan).

18) *La Mesme, sur la maladie de Tirsis.*

ELEGIE

Tandis que nos vergers sous leurs feüillages sombres,
Invitent à chercher le repos dans leurs ombres;
Tandis que nos Ruisseaux par un charme puissant,
4   Font de leur bruit confus un murmure innocent:
Que cent Oyseaux divers par leur douce musique,
Divertissent l'ennuy du plus melancolique:
Que nos jeunes Bergers sortent de leurs hameaux
8   Pour faire resonner leurs tendres chalumeaux,
Qu'ils en font retentir les Bois et les Rivieres,
Qu'ils attirent les pas de leurs belles Bergeres:
Qu'ils trouvent à charmer leurs amoureux soucis,
12   Un mal pernicieux triomphe de Tirsis. [58]
Ce beau Berger pourveu d'un merite si rare,
Esprouve la rigueur d'une fiévre barbare:
L'on voit dessus son teint une triste pâleur:
16   Ses yeux sont presque éteints, sa bouche sans couleur,
Son corps presque abattu sous le mal qui l'oppresse,
Est couché sur un lit qui soûtient sa foiblesse:
Vous qui sçavez l'estat où Tirsis est reduit;
20   Bergers, Zephirs, Ruisseaux, ne faites point de bruit,
Donnez à son repos un paisible silence:
Dans le temps que le mal suspend sa violence.
Soleil, tempere un peu tes brûlantes ardeurs,
24   Au lieu de tant de feux repands quelques froideurs.
Tu le sçais bien, Soleil, que ce Berger illustre
Est de tous nos vergers l'ornement et le lustre:
Que comme ses vertus le font cherir de tous,
28   Tu dois le regarder d'un œil un peu plus doux;
Tu peux…mais tu m'entends, ô source de lumiere.
Tu t'es laissé toucher à ma tendre priere;
Tes feux ont ralenty[18] leurs rayons enflâmez,
32   Et les maux de Tirsis en sont un peu calmez:
L'impitoyable mort qui donnait tant d'alarmes,
N'ose encore triompher de tant de jeunes charmes:

---

[18] EP: alenty

Une heureuse santé le tire de langueur,
36   Et luy rend tout d'un coup sa premiere vigueur. [59]

19) LA MESME, A Mr ......
   Sur la mort de sa Maistresse.

ELEGIE

Quel est ce rude coup qui vous vient d'accabler?
Serons-nous sans espoir de vous en consoler?
Vous que le Ciel pourveut d'un merite si rare,
4   Esprouvez-vous aussi les coups d'un sort barbare?
Ose-t-il attaquer tant d'illustres vertus,
Et rendre en un moment vos esprits abattus?
Par ces profonds chagrins qui déja vous devorent,
8   Voulez-vous affliger tous ceux qui vous honorent?
Quelque soit ce mal-heur, souffrez-y du secours,
Et ne permettez pas qu'il trouble vos beaux jours.
Voulez-vous maintenant chercher la solitude,
12   Pour vous ensevelir dans vostre inquietude,
Au lieu de redonner le calme à vos esprits?
Feriez-vous cét outrage à vos divins écrits? [60]
Non, non, songez combien s'augmente vostre gloire,
16   Quand vous faites parler les filles de Memoire:
Et combien vous perdez de precieux momens,
Tant que vous esteindrez ces divins mouvemens:
Ces beaux feux d'une veine en charmes si feconde,
20   Qui produit tous les jours les plus beaux Vers du monde,
Vous de qui l'entretien a de si doux appas,
Que l'on n'a point de joye où l'on ne vous voit pas:
Vous qui nous enseignez les plaisirs et la joye,
24   Voulez-vous du chagrin estre aujourd'huy la proye?
Mais tandis que je fais des efforts superflus,
L'on vient de m'annoncer que Philis ne vit plus.
Ouy, Cleandre, on m'apprend par ces tristes nouvelles
28   Que vous avez perdu ce miracle des Belles,
Que la mort inhumaine a reduit au tombeau,
Au regret des mortels un chef-d'œuvre si beau.
Puisqu'elle vous a pris cét objet plein de charmes,

32   Rien ne peut condamner vos soûpirs et vos larmes;
      Pleurez ce rare objet qui vous avoit charmé,
      Et de qui vous estiez si tendrement aymé:
      Je ne diray plus rien contre vostre tristesse, [61]
36   Un Amant doit pleurer la mort de sa Maistresse[.]
      Vous devez regretter la perte de ses jours;
      Mais si vous m'en croyez, ne pleurez pas toûjours.

20) LA MESME A DAPHNIS.
   Sur des Vers qu'il avoit faits pour Monseigneur le Dauphin.

MADRIGAL

      Parmy la pompe de vos Vers,
      Je sens ma Muse confonduë;
      Et tous vos ouvrages divers,
      Me font croire que l'univers,
        A trop peu d'estenduë
      Pour la gloire qui vous est deuë. [62]

21) *Réponse à la Mesme.*

MADRIGAL

      Quoy[,] pour avoir fait quelques Vers,
      Vous me voudriez, Iris, donner tout l'univers?
      Vostre bonté n'est pas commune:
4   Si vous payez[19] ainsi mes soûpirs amoureux[,]
        Que je serois heureux!
        Que je benirois ma fortune!
      Car de tout l'univers fus-je le possesseur,
8   Je serois, belle Iris, peu satisfait encore;
      Mais je serois content, ô beauté que j'adore,
        Si vous me donniez vostre cœur[.] [63]

---

[19] Cette utilisation du temps présent avec le conditionnel se trouve aussi dans la lettre 24: 'S'il vous en prend envie, il me seroit facile/ D'obeïr sans contrainte…'

22) *Suite des Billets de Monsieur D...L... V...*

Que pourrois-je faire à la campagne, MADEMOISELLE, que penser à vous: et que me serviroit-il d'y penser, si vous ne le sçaviez pas? Je connois bien qu'il y a un peu d'interest à ce que je viens de vous dire, et vous jugerez bien par là que je pretends que vous me teniez compte de mes rêveries. Pourquoy non? MADEMOISELLE: pouvez-vous causer [64] quelque chose qui n'en vaille pas la peine? Je croirois même ma mort glorieuse, si elle partoit de vos mains. Ce n'est pas qu'à vous dire vray, je n'estimasse plus la vie. Et en effet il est si genereux de faire le bien, qu'on l'a toûjours attribué à quelque chose de divin. Ne me faites pas sortir de cette creance, il y va de vostre honneur, de vostre gloire, et de mon salut: l'affaire est plus de consequence que vous ne pensez;

>   Et ne la traittez pas de pure raillerie:
>   Avant que me priver du jour,
>   Consultez une fois l'amour, [65]
> 4   Il doit estre de la partie,
>   Et vous fera pancher du costé de la vie.
>   Suivez ce Conseiller, il est sage, il est doux,
>   N'exigez pas sous vostre empire,
> 8   Que tout ce qui vous sert passe par le martyre,
>   Personne ne vivroit pour vous;
>   Dans un si triste sort nul ne me voudroit suivre:
>   L'on auroit beau vous estimer,
> 12   Comme on ne vit que pour aymer,
>   Aussi n'ayme-t-on que pour vivre.

23) RESPONSE DE LA MESME, *Au Mesme.*

Vous voulez que je vous tienne compte de vos rêveries, MONSIEUR, parce que vostre plume me dit que j'en suis le sujet;

>   Non, quelque passion qu'elle me represente,
>   Je la prendray toûjours pour une fiction, [66]
>   Si vostre cœur n'est caution
>   De tout ce que produit une plume charmante.

Vous avoüez assurement en vous-mesme, que je ne vous fais point d'injustice, quand je dis que vostre cœur n'est point du party de vostre plume. Cependant vous vous défendez aussi bien de la mort, que si j'attaquois effectivement vostre vie: et si mal-heureusement vous veniez à mourir par accident, je ne sçais si vous ne diriez point que j'en serois la cause. Je dis par accident, car je n'ay point encore veu qu'on meure d'amour, au moins de cette mort dont on ne [67] revient pas; mais comme les Amans en ont imaginé une qui n'est pas perilleuse, je croy que si vous n'avez jamais que moy pour sujet de vos feux, vous serez encore plus en seureté que les autres.

> Enfin traitez-moy d'incredule;
> Accusez-moy de cruauté,
> J'ay pourtant assez de clairté,
> Pour juger quand on dissimule.

Il est vray, MONSIEUR, que j'ay tous les sujets du monde de douter de ce que vous me dites, et si je ne m'explique pas sur ce doute, c'est parce que je sçais que vous m'opposeriez des raisons, qui seroient plus belles que [68] bonnes.

> Je croy que dans vos rêveries,
> Dans quelque fond de bois, ou dans quelque vallon,
> Ou dans quelques vertes prairies,
> Vous allez consulter le divin Apollon[,]
> Pour me faire des tromperies.

24) RESPONSE DU MESME, *A la Mesme.*

C'est une étrange chose, MADEMOISELLE: bien loin de me tenir compte de mes rêveries, vous ne voulez seulement pas que j'en fasse d'agreables. Je croy que vous me défendriez de dor-[69]mir si je faisois quelques songes qui me satisfissent.

> S'il vous en prend envie, il me seroit facile
> D'obeïr sans contrainte à ce commandement;
> Mais il seroit fort inutile,
> Puisqu'on ne dort guere en aymant.

C'est sans doute pour cette raison que vous ne me le commanderez pas.

Je sçais bien qu'on nous dit qu'au pays de Cythere,
    On est presque toûjours couché;
Mais comme on a toûjours quelque importante affaire,
4   Où nostre cœur est empêché,
    Hélas! Philis, on n'y dort guere,
    Et ce seroit mal à propos,
    Et contre l'ordre et le mystere,
8   Que d'y chercher des lits pour trouver le repos[;]
Mais pour en peu [de] mots vous en faire l'histoire,
    Philis, c'est sur ces lits d'honneur,
Que l'on trouve la mort, la vie et la victoire,
12   Et là par un rare bon-heur,
Le plaisir n'est jamais separé de la gloire[.] [70]

Mais quoy que je vous die des veritez, vous ne manquerez pas de les mettre au nombre de mes rêveries; et à vous dire le vray, vous estes une malicieuse personne, vous ne vous contentez pas de tourner en raillerie tout ce que je vous dis de ma passion; vous voulez mettre de la division entre ma plume et mon cœur, en preferant un peu d'esprit à beaucoup de feu. Peut-estre me voulez-vous faire connoistre par là que les personnes spirituelles comme vous, veulent estre aymées comme les Anges: [71] Attendez, je vous prie pour cela que ma resurrection soit veritable, et tant que je seray homme, permettez-moy d'aymer comme les autres gens.

25) RESPONSE DE LA MESME, *Au Mesme.*

Pourquoy ne voulez-vous pas que je croye que vostre esprit a plus de feu que vostre cœur? N'est-il pas vray, MONSIEUR, que vous m'aymez mieux incredule que trop facile? Que je croye plûtost [72] que vous avez infiniment de l'esprit que beaucoup d'amour? Et quand il en seroit quelque chose;

Que vous m'aymeriez bien tendrement,
Que vous m'en rendriez certaine,
Et que je serois inhumaine
Autant qu'on la peut estre aux peines d'un Amant,
Vous pourrois-je empêcher de rêver en dormant?

Mais, MONSIEUR, laissons-là les songes et les rêveries que cause l'amour, je ne pretends pas entrer si avant sur cette matiere que vous, par ce que je n'y suis pas sçavante.

> Je ne connois point de Cythere
> Ny le pays ny le mystere; [73]
> Ces lits pleins de gloire et d'honneur,
> Ne me semblent point un bon-heur,
> J'ayme fort l'honneur et la gloire;
> Mais comme je l'entends, c'est bien une autre histoire.

Et si vous n'estes plus sage une autre fois que dans vostre dernier Billet, vous me ferez renoncer à tout ce qui me viendra de vostre part: vos feintes me seront toûjours agreables, pourveu que je n'y rencontre point de ces malices qui font baisser les yeux. C'est icy que vous pourrez dire que je veux estre aymée commes les Anges, vous en croirez ce qu'il vous plaira; mais je sçay bien que je vous rendray justice, [74] et à moy aussi.

26) SUITE DES LETTRES DE Mr D....[20]
  A la Mesme.

Nous lisons dans les Chroniques sacrées, qu'un bon Religieux dormit l'espace de quatre ou cinq cens ans pour avoir oüy la voix d'un Ange: Je ne sçay, MADEMOISELLE, si vous estes de ces Intelligences endormantes; mais je sçay bien que quand vous vous plaigniez dernierement de mon silence, vous en estiez la [75] premiere cause: vos douceurs m'avoient ou endormy, puisqu'il me souvient d'avoir beaucoup rêvé; ou enchanté, puisqu'il me souvient que ce n'estoit que pour vous que je me sentois interdit du commerce des Lettres, et de quelque maniere que vous m'eussiez rendu muët, si la cause en estoit belle, l'effet en estoit dangereux, puisqu'on n'employe point d'exorcismes contre les bons Anges[,] et que je n'ay point encore veu d'Orvietan qui nous défende des Philtres, qui se composent pour les esprits: De sorte que je serois encore [76] dans ce pitoyable estat, si vous n'eussiez eu la bonté de me toucher de vostre plume, comme d'un mysterieux caducée, pour me faire revenir de mon assoupissement. Il faut avoüer que vostre plume a d'admirables charmes: mais pourquoy les employer à mon sujet? pourquoy traiter mes

---

[20] Voir les lettres 11, 12 et 13.

Lettres de sçavantes et d'eloquentes, puisqu'elles n'ont rien de recherché ny de beau, que le dessein que j'ay de vous faire connoistre l'estime que je fais de vostre vertu, et combien vostre amitié m'est precieuse? Mais si je voulois me servir de [77] vous-mesme pour justifier cette verité, je n'aurois qu'à transcrire ces lignes qui font la conclusion des vostres dernieres, que lors que vous avez entrepris de faire ma peinture, aussi-tost qu'on a veu mes Lettres, vous avez passé pour un mauvais peintre, puisqu'elles ont effacé tout ce qu'on en pouvoit attendre. Si je prens bien le sens de cette periode, n'est-ce pas dire ingenüement que ces officieux éloges que vous me donnez, n'ont point de rapport[21] à la bassesse de mon stile, que vous flattez mes défauts en les découvrant, [78] et que toutes ces illustres impresssions que vostre affection veut donner de moy, s'evanouïssent au moment que vous faites une patente d'une Lettre de cachet. Espargnez-moy donc, s'il vous plaist, souvenez-vous que je respire encore l'air de Lyon, que je voudrois changer à celuy de la Cour, seulement pour avoir le bien d'estre prés de vous. [79]

27) RESPONSE DE LA MESME, *Au Mesme.*

Vous voulez prendre une faute de la plume pour un sens caché: vous croyez, MONSIEUR, quand je dis que lors qu'on a veu vos Lettres, j'ay passé pour un mauvais peintre, que je l'ay fait pour entrer dans vos sentimens: Vous ne vous contentez pas de faire injustice à vostre merite; vous voulez aussi outrager ma sincerité. J'ay crû avoir mis, [80] que vos Lettres surpassoient tout ce que j'en disois, non pas qu'elles l'effaçoient; et quand mesme j'aurois eu intention de le mettre, comme vous l'avez trouvé écrit, vous auriez eu plûtost sujet de me croire ignorante que malicieuse. Et à le bien prendre, vous auriez eu aussi bien lieu de le tourner du bon sens, qu'à vostre desavantage. Mais puisque vous estes si ingenieux à trouver le secret de médire de vous-mesme, je suis bien aise de vous des-abuser et de vous assurer derechef que vostre derniere Lettre n'a fait [81] qu'augmenter l'estime que vos precedentes avoient fait naistre dans l'esprit des honnestes gens qui les ont veuës. J'avois à vous dire que cette derniere semaine Sainte, ma muse a esté inspirée d'un mouvement pieux à faire un Sonnet sur la naissance du Sauveur:[22] je vous l'envoye, avec des Stances que j'ay faites sur le Portrait de Monsieur l'Evêque de Perigueux; mais sur tout ne me flatez pas, vous qui haïssez tant les flateries. [82]

---

[21] EP: raport

[22] Dans ce sonnet il n'est pas question de la naissance, mais plutôt de la mort du Sauveur.

SONNET.

Seigneur, c'est aujourd'huy que vostre Fils unique
Est livré dans les mains de mille Juifs pervers;
Sa gloire et sa grandeur gemissent dans les fers,
4   Et donnent tout pouvoir à la rage publique.

Il se soümet luy-mesme aux loix d'un juge inique,
Ce Dieu qui doit un jour juger tout l'univers:
Luy qui vient renverser la force des Enfers,
8   Nous laisse de ses maux une histoire tragique.

Apres ces maux commis contre sa dignité,
La mort s'ose attaquer à sa divinité,
Et le rend du trepas la sanglante peinture.

12   Mais vous avez permis, mon Dieu, ce grand effort,
Qui l'a fait apeller une vivante mort[,]
Puisqu'elle rend la vie à toute la nature. [82]

A Monsieur l'Evêque de Perigueux sur son Portrait.[23]
STANCES.

L'on souhaite bien de vous peindre;
Mais illustre et docte Prelat[,]
Vostre merite a trop d'éclat,
Pour croire qu'on y puisse atteindre,
5   Puisque de vostre seul aspect
Vous imprimez tant de respect,
Que l'on ne sçait par où s'y prendre.
La nature a produit en vous,
Tant dequoy nous surprendre tous,
10   Que l'art ne vous sçauroit comprendre.

Vous craignez avec justice,
Que mon pinceau vous manque aussi.
Si d'autres ont mal reüssi,

---

23 Il s'agit probablement de Guillaume Le Boux (1621-1693), devenu Evêque de Périgueux en 1667.

Le moyen que je reüssisse?
15   Si les peintres les plus sçavans,
      Ont perdu leur peine et leur temps,
      Pour voir tant de vertus ensemble;
      S'ils ont eu si peu de succez, [84]
      Apres avoir fait tant d'essais;
20   Il est bien juste que je tremble.

      Toutesfois puisque sans contrainte,
      Vous voulez permettre à ma main,
      De suivre son premier dessein;
      Vous allez rasseurer ma crainte,
25   Et quoy que je puisse obtenir,
      Je ne pretens point pour finir,
      En donner quelque ressemblance,
      Mais en recevant cét honneur,
      Il se pourra que mon bon-heur,
30   Ira plus loin que ma science.

28) *Suite des Billets de Monsieur D... L...*
      A LA MESME.

      Vous serez constante,[24] MADEMOISELLE, vostre dernier Billet et
la [85] vaine attente d'une Lettre de change viennent de donner la chasse à
mon cœur.

              Ce Dieu voyant le mauvais sort,
              Qui venoit heurter à ma porte,
            A pris les jeux, les ris, et toute son escorte,
4   Et sans chercher de passe-port[,]
            Comme un enfant poltron, il s'est sauvé d'abord;
              Aussi-tost j'ay veu la tristesse,
              L'ennuy, le chagrin, la sagesse,
8   Et l'attirail d'un sort tout remply de rigueur,
                Se venir placer dans mon cœur.

---

24 Contente?

Ne trouvez pas mauvais, MADEMOISELLE, que je mette la sagesse, à la suite de la mauvaise fortune, les Philosophes les font compagnes; et les Theologiens disent que l'aversité est la porte du Ciel: de moy qui [86] ne suis ny l'un ny l'autre, je ne sçais pas ce qui en est; mais j'ay toûjours crû que quand on est mal-heureux on n'est propre qu'à faire pitié, et la pitié n'est pas un chemin pour aller à tendre.[25] Nous parlerons presentement de ce qu'il vous plaira, et vous vous y plairez sans doute, puisque nous ne parlerons plus d'amour.

Car puisqu'il n'ayme que la joye,
Et que mon sort et luy ne sont pas bien d'accord;
Discourons des mal-heurs où mon ame est en proye;
4   Et faisons pour les vaincre un genereux effort.
Mais à moins que d'avoir l'esprit d'un Diogene,
Toute la resistance est vaine.
C'est un étrange mal que de manquer d'argent. [87]
8   Là sont nés[26] l'Huissier, le Juge, et le Sergent:
De là vient l'obscure origine
De tant de soûpirs, de travaux,
De grandes froidures de cuisine;
12   De grandes chaleurs de cerveau:
Et sans doute de bien de maux,
Qu'ignore encore la Médecine.
C'est un mal pour certain pire que le trépas,
16   Ou du moins il est fort semblable;
Car soyez mort ou miserable,
Vous n'estes pas reconnoissable.
Non, le meilleur amy ne vous connoistra pas,
20   Vous ne dites plus rien de galand ny de doux,
Vous devenez par tout insupportable à tous;
Et pour comble d'ennuy[,] tant ce mal est extrême,
Vous le devenez à vous mesme.

Ne trouvez donc pas étrange, MADEMOISELLE, si en cét estat j'oublie tous les maux que vous m'avez causez: j'ay un si grand dépit contre le sort, que je n'en sçaurois avoir contre l'amour. Non je ne sçaurois

---

[25] Allusion à la célèbre Carte du Tendre, publiée dans le premier tome de la *Clélie* de Madeleine de Scudéry (1654).
[26] EP: nais

estre en co- [88]lere contre vous, de peur de ne l'estre pas assez contre la fortune; et c'est à present que je vous pardonnerois bien ma mort.

29) RESPONSE DE LA MESME, *Au Mesme.*

Je souhaiterois, MONSIEUR, que la fortune ne vous fût pas plus cruelle que l'amour vous l'a esté à mon égard. Je croy que vous auriez l'esprit plus en repos que vous ne l'avez: [89]

        Je pense que cette importune
        Et capricieuse fortune,
        N'a jamais de plus grands plaisirs,
4   Que lors qu'elle trouble les nostres.
Tersandre par les miens je puis juger des vostres;
        Si l'amour cause des soûpirs,
        Des maux et de brûlans desirs;
8   La barbare qu'elle est, nous en cause bien d'autres.

La perseverance peut vaincre à la fin l'ame la plus farouche, et si elle se rencontre par fois inutile, la raison, le temps ou l'absence, en peuvent estre le remede.

        Mais cette fortune cruelle
    Se mocque des soûpirs, des vœux et des Autels,
        Et les plus illustres mortels
        Que l'on voit languir apres elle,
N'ont pour tous leurs souhaits qu'une attente eternelle. [90]

Mais puisque vous attendez une Lettre de change, il me semble que vous n'estes pas tout à fait à plaindre, et que son arrivée vous pourra faire oublier toutes les inquietudes que vous avez euës dans son attente: et quand la fortune mesme vous auroit rendu un objet de pitié, vous avez bien des exemples qui vous pourroient consoler de son injustice, puisque vous sçavez que les plus grands hommes sont souvent les plus mal-heureux, et je croy aussi qu'il est plus glorieux d'avoir du merite sans [91] fortune, que de la fortune sans merite.

Mais revenons à cét amour,
Qui vous a fait peut-estre un adieu sans retour,
Avec sa joyeuse escorte,
4   Tersandre pouvez-vous l'asseurer de la sorte,
Sans apprehender son courroux?
Comme auroit-il passé la porte,
Quand il n'est point entré chez vous?

30) RESPONSE DU MESME, *A la Mesme.*

Bien m'en a pris, MADEMOISELLE, de n'avoir pas affaire[27] à vous et à la fortune tout à la fois: j'aurois eu deux Maistresses [92] aussi sourdes, et aussi obstinées l'une que l'autre; et j'aurois sans doute bien mal fait mes affaires; j'aurois perdu mon temps, mes parolles, mon esprit, et ma raison aupres de vous, et on n'auroit pû me refuser ny l'Hospital ny les petites Maisons pour retraite,

Si la fortune plus humaine,
Et moins inflexible que vous,
Ne m'eût mesme dans son courroux,
4   Par un coup de pitié, tiré de vostre chaîne:
Cét exemple devroit vous attendrir le cœur,
De voir qu'en cruauté la vostre la surmonte,
Un autre assurement en mourroit de douleur,
8   Et vous n'en mourrez pas de honte.

Non, vous traiterez cela de pure bagatelle, et bien [93] loin d'en mourir, vous n'en rougirez pas seulement: de peur de passer pour injuste ou pour cruelle, vous n'avoüerez jamais que je vous ayme, et quoy que je vous parle des entrées, des sorties, du sejour, et des ravages que l'amour fait chez moy, vous demeurerez toûjours dans vostre incredulité. Je vous prie pourtant de croire que tout cela ne se fait pas sans frais, et que s'il faut un million pour l'entrée d'un Roy victorieux dans une ville, il faut bien plus de dépense pour celle d'un Dieu dans un cœur. Songez-[94] y, s'il vous plaist, il ne s'en est allé qu'à cause de ma mauvaise fortune, j'espere qu'il reviendra avec ma Lettre de change.

---

[27] EP: à faire

31) RESPONSE DE LA MESME, *Au Mesme*.

Quoy, MONSIEUR, vous excusez des veritables rigueurs de la fortune, pour condamner une incredulité tout à fait équitable?

> Non, vostre amour n'est pas commune,
> Et j'auray toûjours droit quoy que vous me blâmiez; [95]
> S'il est vray que vous ne m'aymiez,
> Que lors qu'il plaist à la fortune.

Quand il seroit vray que vous m'auriez aymée et que sa cruauté m'auroit chassée de vostre cœur, luy auriez-vous plus d'obligation qu'à moy, puisqu'elle ne vous auroit fait ce peu de bien que pour vous faire d'ailleurs beaucoup plus de mal? Pouvez-vous apres cela me taxer d'injustice? je vous le laisse demander à vous mesme, laquelle en a le plus de la fortune ou de moy.

> Vous ne la trouvez point cruelle,
> Quelque mal qu'elle vous ait fait.
> Mais quoy que vous vouliez en estre satisfait,
> J'ay sujet de me plaindre d'elle. [96]

Car puisqu'elle dispose de vostre amour, qu'elle y fait entrer et sortir de vostre cœur quand il luy plaist, que ces entrées et ces sorties ne sont pas sans frais, il me semble que c'est à elle de les payer, et je croy aussi que la Lettre de change viendra; mais que l'amour demeurera dans les espaces imaginaires. [97]

32) RESPONSE DU MESME, *A la Mesme*.

Je le croyois comme je vous l'avois dit, et j'aurois juré que je devois la guerison de mon amour à ma mauvaise fortune. Ne vous en estonnez pas, MADEMOISELLE, il est bien aisé de se tromper quand on est guidé par deux aveugles.

> Quoy qu'en puisse penser vostre incredulité,
>   C'est une pure verité,
>   Le sort dedans mon cœur avoit mis tant de glace, [98]
> 4 Qu'il m'avoit fait juger du depart de l'amour;

Mais ce Dieu ressentant du froid dans ce séjour,
   A remis le feu dans sa place,
Et le chaud, et le froid, y regnant tout à tour,
8   Vous jugez bien, Philis, que d'une telle guerre
Il ne peut rien sortir qui ne me soit fatal,
Et que cette matiere à former le tonnerre,
   Ne peut m'apporter que du mal.
12   Preparez-vous, Philis, à voir bien-tost Tersandre,
   Ou tout de glace, ou tout de cendre.

Il n'est plus temps de disputer qui est la moins cruelle de vous ou de la fortune. Vos faveurs me peuvent consoler de ses cruautez; et tant que j'auray à me loüer de vous, je n'employeray guere de temps à me plaindre d'elle. La chose presse, comme vous voyez, MADEMOISELLE, puisque l'orage est tout prest de me tom-[99] ber sur la teste. Damocle dont vous avez sans doute oüy parler, qui pendant un grand festin avoit une épée suspenduë sur la teste par un petit fil, n'estoit pas si en danger que moy. Denys le Tyran que vous connoissez par sympathie, luy faisoit fort bonne chere pendant ce peril; et j'ay peur que ce ne soit de cette maniere que vous me regalez par vos Billets. Vous autres Tyrans avez tant de façons de faire les uns des autres, que j'ay lieu de tout apprehender. [100]

33) RESPONSE DE LA MESME, *Au Mesme.*

Pourquoy vous plaignez-vous de l'amour, MONSIEUR? pourquoy confondez-vous son innocence avec la malice de la fortune, luy qui n'a pas songé à vous blesser pour moy, ny à vous donner sujet de me mettre au nombre des Tyrans? Quel rapport trouvez-vous entre une veritable tyrannie, et une juste incredulité? Je dis que toutes vos protestations d'a-[101] mour ne sont que des feintes, et je le dis comme je le croy.

   Je ne doute point que l'amour
   Ne soit Tyran de plusieurs ames,
Qu'aux champs, aussi bien qu'à la Cour,
4   Il ne fasse sentir ses flâmes,
Et je croy que d'ailleurs vous pouvez bien sçavoir,
   Quelle est sa force et son pouvoir;
   Mais de croire que j'en sois cause,
8   Je croirois aussi-tost à la metempsicose.

Je voudrois, MONSIEUR, qu'il vous fût aussi aisé de disposer de vostre sort, comme vous disposez de vostre cœur: je vous souhaiterois ce bon-heur malgré vos feintes. Voyez si je suis injuste, et si les tyrans ont autant de bonté que moy. [102] Vous me direz que mes souhaits ne vous peuvent rien produire: Il est vray, mais il me semble qu'ils sont bien plus recevables que les rigueurs de la fortune.

<blockquote>
D'ailleurs l'amour ne vous est point fatal,
    Et vous vous en plaignez sans cesse:
    Vous dites qu'il vous est fatal,
4   Autant comme vous l'est cette injuste Deesse.
    Ha! si vostre cœur se défend
    Contre l'amour et ses amorces,
Si vous n'éprouvez point sa rigueur ny ses forces;
8   N'outragez plus ce pauvre enfant. [103]
</blockquote>

34) LA MESME, A SA SŒUR.[28]

Vous voulez sçavoir, ma chere Sœur, ce que je fais depuis que je me suis mise en mon particulier; c'est à dire, que vous voulez que je vous apprenne si le ménage s'accorde bien avec mes occupations de la peinture, et de la Poësie. Je croy que vous devez fort en douter, puisque vous sçavez qu'à Lyon je ne me mêlois guere de l'œconomie de la maison, et que vous en aviez toute [104] la conduite. Je vous diray pourtant qu'il me semble que je suis devenuë un peu ménagere, et que je partage assez mes soins entre mes ouvrages ordinaires et ceux de commander à une servante qui me fait détester, parce qu'elle est fort lente, et que je suis fort prompte, quoy que comme vous le sçavez je ne sois pas fort méchante. Cependant vous sçavez que ce n'est pas assez d'une servante pour accomplir un ménage, qu'il faut tout du moins un chien et un chat: je n'ay pas encore ce premier,

---

[28] Catherine Pascal, née en 1634. Dans sa *Clef* du *Dictionnaire des Précieuses,* Livet parle d'une "'demoiselle Catherine Pascal, bien-aimée du Parnasse", à qui Ant. Girard Bouvot dédia en 1649 sa tragédie de *Judith, ou l'Amour de la Patrie*', et il se demande si Françoise était sa parente (322). Claude Brouchoud parle d'une autre sœur, Hilaire ou Hélène, fille de Séraphin Pascal et de Claudine Ducreux, morte en 1669 (*Les Origines du théâtre de Lyon*, p. 35). Le nom de la mère indique qu'elle est née d'un autre mariage: la mère de Françoise et de Catherine s'appelait Marguerite Tollot. Nous avons trouvé dans les Archives municipales de Lyon mention d'une Hélène Pascal, mariée en 1657; mais il est plus vraisemblable que Françoise ait vécu avec Catherine plutôt qu'avec cette demi-soeur mariée, et que cette lettre s'adresse donc à celle-là.

mais à la place [105] l'on m'a fait present d'une chatte qui est la plus belle beste de Paris, et d'un perroquet qui ne fait tout le jour que crier, et l'on peut dire que c'est toute sa science, puisqu'il ne parle point, et que je croy qu'il ne parlera jamais: et moy qui crains fort le bruit[,] je m'en déferay sans doute bien-tost. Je ne sçay s'il étourdit autant ma chatte que moy, mais dans le moment que je vous écris, elle grimpe par la tapisserie dans le dessein d'aller jusques à sa cage pour le faire taire, et d'en faire un repas, si elle peut. Voilà [106] tout ce que j'ay à vous dire sur le sujet de mon nouveau ménage: à l'avenir je vous donneray avis de ce qui m'arrivera de plus remarquable.

35) LA MESME, A PHILIS.

STANCES.

L'on vous a dit, Philis, que Daphnis se marie,
Et vous l'avez appris commme indifferemment;
Mais je sçay bien malgré vostre déguisement
Laquelle de nous deux en est la plus marrie[,]
5   Quoy que vous ayez dit d'abord,
        Quand on vous a fait ce rapport,
        Comme une rivale cruelle,
        Que vous m'alliez donner la mort,
        Par cette funeste nouvelle. [107]

10 Vous avez crû par là penetrer dans mon ame,
    Et je sçais bien pourquoy vous aviez ce dessein:
    Vous étoufiez l'ardeur qui vous brûloit le sein,
    Quand vos yeux indiscrets en découvroient la flame.
        Vous aviez conceu le desir,
15   De me si fortement saisir,
        Que j'en perdisse la lumiere,
        De peur que j'eusse le plaisir,
        De vous voir mourir la premiere.

    Vous avez veu pourtant que je n'en suis point morte;
20 Ny je n'en sentis point alterer ma santé;
    Et la vostre la fut jusqu'à l'extremité,
    Tant de ce pauvre cœur la douleur estoit forte.

Elle eut sur vous tant de pouvoir:
Vous aviez comme on a pû voir,
25   L'ame si vivement frappée,
Que sans quelque reste d'espoir,
Vous n'en seriez point échappée.

Celuy qui vous parla de ce faux mariage,
Voulut prendre le soin de vous desabuser; [108]
30   Il causa vostre mal, il voulut l'appaiser,
Et remettre vos sens par un plus doux langage:
Tous vos chagrins furent bannis,
Quand il vous dit que de Daphnis,
Le change estoit imaginaire,
35   Vous creûtes vos cœurs reünis,
Et vous en devinstes plus fiere.

36) *La Mesme à un Poëte qui la prie de luy faire des Vers.*

SONNET.

Avoir comme Apollon les sciences infuses,
Avoir les qualitez qu'il possede sur tous;
Composer des beaux vers dans la chambre des Muses,
4   Et nous en demander, c'est se joüer de nous.

C'est bien rendre en effet ces neuf Filles confuses,
Qui vous ont prodigué leur stile le plus doux, [109]
Lors que vous alleguez de si foibles excuses,
8   De ne produire pas quand il ne tient qu'à vous.

Boire quand il vous plaist au ruisseau d'Hypocrene,
Et vouloir exiger des efforts de ma veine,
N'est-ce pas m'imposer une trop dure loy?

12   Moy qui devrois plustost emprunter vostre stile,
Je passerois chez vous pour estre bien facile,
Puisque je donnerois à plus riche que moy. [110]

37) *La Mesme sur une conqueste impreveuë.*

     Enfin il est dompté cét invincible orgueil,
     Il est soûmis ce cœur, il languit dans nos chaînes,
     Il vient nous découvrir ses amoureuses peines,
4   Qui le semblent traîner bien-tost dans un cercuëil.

     Je le vois seulement trop content d'un clin d'œil,
     Et s'il n'est pres de nous, son ame est dans les gesnes,
     Luy qui pour nostre sexe a fait voir tant de haynes,
8   A pourtant fait naufrage aupres d'un simple écueil. [111]

     Qu'amour punit bien cette ame imperieuse,
     Et que nostre conqueste est rare et glorieuse,
     D'avoir soûmis ce cœur sans l'avoir presumé!

12   Ce Dieu qui le vit ferme en cette fiere audace,
     Il fit naître un brasier dans cette ame de glace,
     Et luy fait avoüer qu'il en est consommé.

FIN.

APPENDICE

I.   Poèmes de Françoise Pascal, extraits de ses *Diverses poésies* (Lyon, 1657).

LA BELLE STUPIDE, Stances.

La nature est digne de blasme,
D'avoir embelly vostre corps
De tous ses plus rares thresors
Sans avoir enrichy vostre ame.
5   Cette inégalité nous épouvante tous;
Cependant vos defauts vous les croyez des charmes,
Mais ils ne font rendre les armes
Qu'à des stupides comme vous.

Dés que vos beautés sans pareilles,
10   Esclatent de tous les costez,
Et tiennent les yeux arrestez,
Vos discours choquent les oreilles.
Vous plaisez beaucoup mieux quand vous ne dites rien:
Cependant vous croyez qu'en disant des sottises
15   Vous rendez les ames surprises,
Quand nous sçavons qu'il n'en est rien.

Mais encor ce qui nous estonne,
C'est qu'en cette stupidité
Vous avez une vanité,
20   Qu'on ne vit jamais en personne:
Et soit que bien souvent vous preniés un miroir,
Vous remarquez en vous beaucoup de belles choses,
Vous voyez des lys et des roses;
C'est tout ce que l'on y peut voir.

25   Vos yeux sont beaux sans estre aymables,
L'on ne les void point enflamez,
Ils ne sont jamais animez
D'un air qui les rende agreables:
L'on n'y void point briller l'éclat de ces beaux feux,

30   Qui sçavent se glisser au fond d'un cœur de glace,
        Les vostres n'ont point cette grace,
        Bien qu'on les nomme des beaux yeux.

        Vostre bouche ne sçait rien dire,
        Qui puisse avoir de l'agrément,
35   Car elle donne à tout moment
        Quelque nouveau sujet de rire:
    L'on vous admire bien dés l'instant qu'on vous voit;
    Mais ne vous flattez point, pas un cœur ne s'enflame,
        L'on vous prend pour un corps sans ame
40   Aussi-tost que l'on vous connoit.

SONNET. Fait à la Comédie.

        Si je vois ces objets si brillans à mes yeux,
        J'en admire l'éclat avec un doux silence,
        Quand d'autres spectateurs avéque violence
4   Par leur[s] bruits indiscrets troublent ces Demy-dieux.

        Toutesfois mes regards ne sont rien que pour eux,
        Bien que mon sentiment accuse d'insolence
        Ces esprits importuns, qui n'ont pas connoissance
8   De ce qu'ils veulent voir en ces aymables lieux.

        Mais enfin, si mes yeux contemplent ces merveilles,
        Je sens d'autres plaisirs pendant que mes oreilles
        Font suspendre mes sens à leurs divins propos.

12   Quand je les voir agir avéque tant de grace,
        Il semble que je sois immobile à ma place,
        Et si je ne les vois, je n'ay point de repos.

SONNET. Sur une Tristesse.

        Mon ame, sçais-tu bien qui te rend inquiette?
        Connois-tu le sujet de l'ennuy qui te suit,
        Et t'accable le jour aussi bien qui la nuict,
4   En te faisant tenir ta Tristesse secrette?

Bannissons s'il se peut cette langueur müette
Et cherchons desormais le repos qui nous fuit,
Esvitant le chagrin qui tousjours nous poursuit,
8   Demeurons s'il se peut dans une douce assiette.

Si rien ne peut causer les ennuis que tu sens,
Pourquoy ne cherches-tu des plaisirs innocens,
Sans te plonger ainsy dans la mélancolie?

12   Pourquoy mesprises-tu tes tableaux et tes vers?
Si tu quittes ainsy tous ces travaux divers,
Ta tristesse à la fin passera pour folie.

SONNET. Sur le mesme sujet.

Soucys, chagrins, ennuis, retirez-vous de moy.
Je me veux restablir dans mes humeurs premieres,
En me determinant à fuyr les dernieres,
4   Je veux vivre tousjours sous la plus douce loy.

Quand vous me poursuiviez sans me dire pourquoy,
Je n'aymois que la nuict, et fuyois les lumieres,
Pour mieux m'entretenir de facheuses chimeres,
8   Où mes tristes esprits se donnoient de l'effroy.

Venez charmans plaisirs, Peinture, Vers, Musique,
Je n'ay plus de chagrins lors que je vous pratique,
Et je vous ayme trop pour jamais vous bannir,

12   Quand je vous oubliois je m'oubliois moy-mesme,
Je sentois dans mon coeur un déplaisir extreme,
Puisque je n'avois plus de quoy m'entretenir.

II.   Portrait de Mademoiselle Pascal, fait par Tersandre. Pièce liminaire
de *Sésostris*, tragicomédie de Françoise Pascal (Lyon, 1661).

Quand on n'a pas ces vers aussi justes que beaux,
      Dont vous dépeignez des Heros,
C'est en vain, qu'à vous peindre un Poëte s'amuse:
4   Il faudroit pour le moins le don

De produire des vers, aussi-bien qu'APPOLLON,
    Pour representer une Muse.

Mais qui pourroit au vray faire un Portrait de vous:
8   Ce portrait nous surprendroit tous,
Et l'on ne voudroit pas le croire veritable:
    Puisqu'on voit que tout à la fois,
Vous estes une Muse, et vous en valez trois:
12   Cela n'est-il pas incroyable?

MELPOMENE, THALIE, et l'illustre CLIO,
    Trouvent en vous ce beau Trio:
Et vous égalez bien ces trois doctes Pucelles,
16   On le sçait partout l'Univers:
Vous peignez, vous chantez, et vous faites des vers,
    N'est-ce pas valoir autant qu'elles?

Ces trois grandes Vertus, ces belles Qualitez,
20   Ne sont point en d'autres Beautez:
Je n'en ay point encor pû voir qui vous atteignent;
    C'est pourquoy sans chercher ailleurs,
L'Art de vous pouvoir peindre avec d'autres couleurs,
24   Il faut que vos Vertus vous peignent.

Elles vous sortiront aysément du commun,
    Et de l'embarras importun,
Des bouches, et des dents, d'yeux, des lis, et des roses:
28   Puisque ce sont des agrémens,
Dont le hazard fournit les embellissemens:
    Mais on voit en vous d'autres choses.

La Stupide souvent aura le corps très beau;
32   L'on y voit un riche tableau,
En effet ce n'est rien qu'une belle peinture:
    L'on n'y voit que des beaux dehors,
Et si l'ame au-dedans n'en fait pas les trésors;
36   Ce n'est rien qu'un jeu de Nature.

De tout ce que je dis, pourtant ne jugez pas,
    Que la PASCAL manque d'appas:

Elle a les traits bien faits, et la taille bien prise:
40   Elle n'a rien de trivial;
Elle est fort belle en gros aussi bien qu'en détail:
        Mais c'est ce que moins elle prise.

Ne regardant le corps que comme la prison,
44   Où l'on a mis nôtre raison,
Elle ne peut trouver que des prisons soient belles;
        A moins que par de beaux efforts,
On n'ait fait sa raison la prison de son corps:
48   Et par là finy leurs querelles.

Elle est si bien d'accord avec ses passions
        Qu'on peut voir par ses actions,
Qu'elle est absolûment maistresse d'elle-même:
52   L'ame regit si bien le corps,
Que si l'on doit juger d'elle par le dehors,
        On n'oseroit dire qu'elle ayme.

Et pour d'un tel secret pouvoir estre bien seur,
56   Il faudroit aller jusqu'au cœur:
Mais chacun ne peut pas obtenir cette grace;
        Le chemin n'en est pas commun,
Et par mal-heur pour moy, j'y trouverois quelqu'un,
60   Qui seroit maître de la place.

C'est pourquoy je reviens aux charmes de l'Esprit,
        Est-il quelqu'un qu'il ne surprit?
Jeune encor comme elle est achever tant d'Ouvrages,
64   Et les faire avec jugement;
Avoir et l'entretien, et le discours charmant:
        Sont-ce pas de beaux avantages?

Pour vous pouvoir donner la dernière couleur,
68   Je ne trouve rien de meilleur,
Que de vous presenter le portrait, et la plume;
        Vous finirez heureusement,
Un Ouvrage qui doit pour son achevement,
72   Contenir plus d'un gros volume.

Enfin pour reüssir au dessein que j'ay fait
      D'entreprendre vôtre portrait,
Il faudroit des pinceaux aussi fins que les vostres,
76   Des vers aussi forts, aussi doux:
Encor je risquerois de mal faire pour vous,
      Ce que vous faites bien pour d'autres.

TABLE DES MATIERES

LE COMMERCE DU PARNASSE

Textes littéraires

Textes littéraires